Stefan Federbusch

Von der Zärtlichkeit Gottes

Franziskanische Akzente

herausgegeben von Mirjam Schambeck sf
und Helmut Schlegel ofm

Band 34

STEFAN FEDERBUSCH

Von der Zärtlichkeit Gottes

Eine Theologie der Berührung

echter

Herzlicher Dank geht an Marie-Therese Girerd für die sorgfältige Zuarbeit bei den Korrekturen sowie an die Sponsorinnen dieses Bandes, die nicht genannt werden wollen.

Der Umwelt zuliebe verzichten wir bei unseren Büchern auf Folienverpackung.

Bibliografische Information der Deutschen Nationalbibliothek

Die Deutsche Nationalbibliothek verzeichnet diese Publikation in der Deutschen Nationalbibliografie; detaillierte bibliografische Daten sind im Internet über ‹http://dnb.d-nb.de› abrufbar.

1. Auflage 2022
© 2022 Echter Verlag GmbH, Würzburg
www.echter.de

Umschlag: wunderlichundweigand.de
Umschlagfoto: © christinarosepix/shutterstock.com
Innengestaltung: Crossmediabureau, Gerolzhofen
Druck und Bindung: Friedrich Pustet, Regensburg

ISBN
978-3-429-05805-0
978-3-429-05234-8 (PDF)
978-3-429-06586-7 (ePub)

Inhalt

Berührt 7

Einführung 9

1 Keep in touch – Die anthropologische Perspektive . 15
   Hautnah: Mehr als eine Berührungsfläche 15
      Die Haut als Grenze 15
      Die Haut als Sinnesorgan 16
      Die Haut als Berührungsfläche 17
      Die Haut als Wohlfühlindikator 18
   Berührungspunkte: Begreifen und Verstehen 19
   Menschwerdung: Entwicklungspsychologische Aspekte 22
   Stolperstein: Die Corona-Pandemie als
   Beziehungskiller 28
   Prüfstein: Der Missbrauchsskandal in der
   römisch-katholischen Kirche 31

2 Die Zärtlichkeit Gottes – Die biblische Perspektive . 35
   Die Bibel: Ein Liebesbrief Gottes 35
      Die Mütterlichkeit Gottes 35
      Rührung und Erbarmen 36
      Lieder der befreienden Zuwendung 37
   Berührungen im Ersten Testament 38
      Unnahbar: Gott auf Abstand 38
      Berührt: Gott in Begegnung 40
      Ansteckend: Rein und unrein 43
      Anziehend: Berührungen zwischen Mann und Frau 45
      Erkrankt: Die Haut als Spiegelbild 46
      Beschnitten: Ein Bekenntnis 47
   Berührungen im Zweiten Testament 48
      Inkarnation – Gott wird berührbar 49

Heilsam nah: Die Berührungskraft Jesu 50
Die Heilungshandlungen Jesu 51
Heilung durch Berührung 53
Die Berührungskraft Jesu 55
Jesus lässt sich berühren 57
Der verwundete Heiler und Diener der Menschen ... 58
Ambivalenz des Auferstandenen 59
Höchst ambivalent: Der Kuss 62

3 Nackt dem nackten Christus folgen – Die franziskanische Perspektive 65

Es begann mit einem Kuss:
Franziskus und der Aussätzige 65

Nackt dem nackten Christus folgen:
Franziskus und Christus 67

Berührung heute:
Das geschundene Fleisch des anderen 70

4 Zeichenhaft nah – Die sakramentale Perspektive .. 73

Siebenmal berührt: Die Sakramente 73
Segen für den Alltag: Die Sakramentalien 77

6 Heilende Seelsorge – Aspekte einer Theologie der Berührung 81

Heilende Seelsorge 81
Systemrelevante Nähe 83
Zerbrechliche Verwundbarkeit 84
Gottes Zärtlichkeit 85
Nackte Kirche 88
Noli me tangere! 90
Ausblick 91

Anmerkungen 95

Abkürzungsverzeichnis 97

Der Autor 99

Berührt

Wann bin ich das letzte Mal berührt worden?
Wer oder was hat mich berührt?
Welches Gefühl hat die Berührung ausgelöst?

Mit diesen Fragen und den Antworten, die Sie darauf geben, sind wir schon mitten im Thema. Einem Thema, das eine jede, einen jeden von uns betrifft. Tag für Tag werden wir von Menschen und Dingen berührt, äußerlich und innerlich. Manche dieser Berührungen nehmen wir kaum wahr, da sie keine große Bedeutung für unser Leben haben. Andere erleben wir intensiver, weil sie unseren Alltag mitbestimmen oder gar unser ganzes Leben prägen. Berührungen lösen Emotionen aus und haben damit großen Einfluss auf unser Empfinden und Handeln.

Mein persönlicher Auslöser, mich mit dem Thema Berührung näher zu befassen, war das Vermissen der leiblichen Dimension von Berührung angesichts der Schutzmaßnahmen in Zeiten der Corona-Pandemie. Was bedeutet das Fehlen von Berührung für mein bzw. unser Beziehungsgeschehen?

Auf den ersten Blick scheint das Thema Berührung kein zentrales Element kirchlicher oder persönlicher Spiritualität zu sein. Doch kommt christliches Leben nicht ohne Berührungen aus. Als wesentliche Dimension des Menschseins wirkt sich Berührung auch auf meinen bzw. unseren Glauben aus. Im Wechselspiel von Lebens- und Glaubenserfahrungen sind Berührungen Teil meiner bzw. unserer

Glaubenspraxis. Welche Folgen hat das Fehlen von Berührung für mein bzw. unser geistlich-spirituelles Leben?

Die folgenden Überlegungen möchten Sie mitnehmen, über den Aspekt der Berührung für unser Leben in Beziehungen nachzudenken und seiner Bedeutung für unser Leben aus dem christlichen Glauben nachzuspüren.

Einführung

„Das hat mich zutiefst berührt!" Ich bin ergriffen von etwas, das mich in besonderer Weise anspricht – sei es durch ein Kunstwerk, das ich betrachte, oder von einer Musik, der ich lausche. Ich bin bewegt durch eine tröstende Geste, die mir guttut, oder durch ein hilfreiches Wort, das in meine Lebenssituation hineingesprochen wird. Ich bin ergriffen von dem, was meine Seele streichelt, was mich als Person im Tiefsten anspricht. „Das hat mich zutiefst berührt!" Eine Erfahrung, die ich zumindest ab und an im normalen Alltag mache: Ich erlebe eine Berührung als Kostbarkeit. Eher seltener spreche ich davon, dass mich etwas „peinlich berührt" hat, beispielsweise, wenn ich am liebsten im Boden versinken möchte, weil ich mich für mich selbst schäme oder für jemand anderen fremdschäme.

„Das hat mich zutiefst berührt!" ist eine ganz individuelle und persönliche Erfahrung, die oft mit einer körperlichen Reaktion verbunden ist. Wir sprechen sie aus in Sätzen wie „Ich bin zu Tränen gerührt" oder „Ich muss erst mal durchatmen". Ich brauche Zeit, mich zu sortieren und wieder in der Wirklichkeit zurechtzufinden, oder ich nehme mir Zeit zum Genießen und zum Nachklingenlassen meines Glücksgefühls. Das ist weit mehr als eine oberflächliche Freude. Wenn es um ein existentielles Ergriffensein geht, um etwas Belebendes und Befreiendes, das mich anspricht, dann kann das meine Lebenswelt verändern.

Nur die Wenigsten werden eine so großartige Erfahrung machen können wie die des Overview-Effekts: Das bedeutet, den Blick von außen auf unsere Erde zu richten. Astronauten haben unseren blauen Planeten als „unfassbar schön" und zugleich äußerst „verletzlich" beschrieben. Richard Branson nannte seinen Ausflug ins All im Juli 2021 einfach „amazing". Für den britischen Unternehmer und Multimilliardär war der Aufstieg in 86 km Höhe ein magischer Moment. Wenige Tage später tat es ihm Jeff Bezos gleich, der Gründer des Online-Versandhändlers Amazon. So berührend solche Außenansichten auch sein mögen, diese Form des Weltraumtourismus wird nicht zuletzt aus ökologischen Gründen hochumstritten bleiben.

Berührt zu werden ist ein hoch emotionaler Vorgang. Das äußere und/oder innere Berührtwerden setzt Gefühle frei, die eine intensive Wirkung haben. Davon zeugen Redewendungen, wenn sie mit Wärme- und Kälteempfinden in Verbindung gebracht werden. „Das lässt mich völlig kalt", sage ich. „Das tangiert mich (äußerst) peripher" beschreibt ebenso einen negativen Aspekt wie auch „Das interessiert mich überhaupt nicht, das prallt an mir ab, das ist mir gleichgültig, das bleibt außen vor". „Das wärmt mein Herz", „Das wärmt meine Seele" verdeutlicht dagegen mithilfe einer Temperaturbeschreibung die eintretende positive Veränderung und meine innere Wahrnehmung.

Berührt zu werden hat also sehr stark mit der eigenen Leiblichkeit zu tun. Die körperbezogenen Redewendungen verweisen auf den engen Zusammenhang zwischen Ereignissen und ihren Auswirkungen auf die Organe, am stärksten in den Aussagen: „Das geht mir unter die Haut", „Das geht mir zu Herzen", „Das schlägt mir auf den Magen", „Das geht mir an die Nieren", „Da kommt mir die Galle hoch", „Da spucke ich Gift und Galle". Die Psychosomatik beleuchtet die Verbindungen zwischen dem, was belastet, und den Reaktionen des Körpers.

Was mich als Mensch ständig, zumindest unbewusst, berührt, ist mein Atem. Er ist so etwas wie die Brücke zwischen Außen- und Innenwelt. Ich atme ein und nehme etwas – ich atme aus und gebe etwas. Ich bin eine Art Transformator:in, denn ich atme Sauerstoff ein und Kohlendioxid wieder aus. Ich benötige das, was Pflanzen produziert haben, und gebe das zurück, was sie wiederum für ihren Stoffwechsel brauchen. Durch dieses Wechselspiel und Austauschprogramm bin ich in permanenter Berührung mit meiner Umwelt. Eine für viele Menschen bedeutsame Komponente ist das Singen. Gesang geht durch die Kehle, für die in der hebräischen Sprache dasselbe Wort steht wie für die Seele (vgl. „Meine Seele dürstet nach Gott, nach dem lebendigen Gott. Wann darf ich kommen und erscheinen vor Gottes Angesicht?" Ps 42,3). Eine höchst symbolische Übereinstimmung: Singen steht für Lebendigkeit und Lebensfreude, für die Erfahrung von Gemeinsinn und Gemeinschaft. In unserer Beschleunigungsgesellschaft geraten viele in Atemnot. Ihnen bleibt vor belastendem Stress die Luft weg. Unsere Atmung zeigt, wie wir leben und wie wir atmen, beeinflusst umgekehrt in Wechselwirkung unsere Befindlichkeit.

Berührung als leibliche Dimension in Beziehung setzt andere Menschen voraus. In den Bantu-Sprachen ist Ubuntu von zentraler Bedeutung, was so viel heißt wie „Ich bin, weil du bist". Nur weil es nicht nur mich, sondern auch dich gibt, sind Menschlichkeit, Gemeinsinn und Nächstenliebe möglich. Als Einzelne:r bin ich immer Teil des Ganzen. Es bedarf der Geschwisterlichkeit und der sozialen Freundschaft, so verdeutlicht es Papst Franziskus in seiner Enzyklika Fratelli tutti. Oder säkular mit dem Soziologen Hartmut Rosa gesprochen: Wir Menschen sind Wesen in Resonanz.[1]

Der Begriff Berührung beinhaltet das Rühren als In-Bewegung-Setzen. Berührung kann anrühren oder aufrühren, gar in Aufruhr versetzen. Anstelle von Berührung ist in der Alltagssprache mehr von Kontakt die Rede. Seinem Wortsinn *con-tacto* nach verweist der Begriff allerdings auf ein Geschehen „mit Berührung". Kontakt beinhaltet das handfeste, das taktile Element oder das materielle Element, wie beispielsweise bei Kontaktlinsen oder einem elektrischen Kontakt. Mit der Bitte um die Angabe von Kontaktdaten verbindet sich die Möglichkeit der Beziehungsaufnahme, sei es zu rein beruflichen oder kommerziellen Zwecken, sei es zur Anbahnung von privaten und persönlichen Begegnungen. Während der Begriff Berührung stärker in einem emotionalen Rahmen steht, ist der Begriff Kontakt trotz seiner sinnlichen Bedeutung der Fühlung tendenziell eher zu einem neutralen, sachlichen und distanzierten Begriff geworden.

Was es heißt, existentiell berührt zu werden, ohne in Körperkontakt zu treten, hat die serbische Performance-Künstlerin Marina Abramović mit ihrer Aktion „The Artist Is Present" (Die Künstlerin ist gegenwärtig) gezeigt. Drei Monate lang saß sie 2010 im Museum of Modern Art in New York Tag für Tag auf einem Stuhl und schaute insgesamt 1565 Besucherinnen und Besuchern in die Augen – schweigend. In ihrer Autobiografie „Durch Mauern gehen" beschreibt sie ihre Erfahrung dieser sehr speziellen Form der Präsenz und Zugewandtheit: „Ich war da für jeden, der da war ... Meine körperlichen Schmerzen waren eine Sache. Aber der Schmerz in meinem Herzen, der Schmerz der reinen Liebe, war viel größer ... Ich hatte das Gefühl, dass mein Körper grenzenlos war; dass Schmerz keine Rolle spielte, dass überhaupt nichts eine Rolle spielte."[2] Sie formuliert eine Grenzerfahrung der besonderen Zuwendung und Nähe.

Berührung hat heutzutage auch eine starke technische Komponente. Viele Apparate, die eine Bedienung erfordern, sind mit Touchscreens ausgestattet, wie Smartphones, Geld- oder Fahrkartenautomaten. Es reicht eine kleine Berührung auf diese Bildschirme, um die entsprechenden Dialogfelder aufzurufen. Das Wischen über den Touchscreen eines Smartphones ist neben dem Tippen mit den Daumen zu einer der häufigsten Handbewegungen unserer Zeit geworden.

1 Keep in touch –
Die anthropologische Perspektive

Hautnah: Mehr als eine Berührungsfläche

Als Menschen haben wir einen Körper, aber wir sind „Leib" im Sinne einer ganzheitlichen Einheit aus Körper, Geist und Seele. Bereits seit der Frühgeschichte der Menschheit sind unsere Sinne von existenzieller Bedeutung. Sie ermöglichen den Kontakt mit unserer Außenwelt und die Wahrnehmung der Wirklichkeit. Ohne Sinne ist ein sinn-volles Leben nicht möglich oder positiv formuliert: Ein sinnenvolles Erleben ermöglicht ein sinnvolles Sein.

Die Haut als Grenze

Die Haut bedeckt je nach Körpergröße eine Fläche von ca. 1,5 bis 2 Quadratmetern. Als „Außenhaut" ist sie die Hülle, die als Schutzfunktion meinen Körper zusammenhält. Sie markiert die leibhaftige Grenze meiner Person, meines Ichs. Sie begrenzt mich in meinem Sein und grenzt mich von anderen ab. In gewissem Sinn ist sie eine durchlässige „offene Grenze", da sie den Energieaustausch zwischen Außen und Innen ermöglichen muss. Wie Nase und Mund mit dem Atem den Luftaustausch über die Lunge eröffnen, ist die Haut ein weiteres, häufig unbeachtetes Atemorgan. Unzählige kleinste Körperöffnungen stellen Verbindungskanäle her zwischen dem Körperinneren und der Umwelt. Über die Nase gewährleistet sie den Luftaustausch, meinen Atem. Als Lebensodem transportiert er Sauerstoff in meine Lungen und gibt Kohlendioxid ab. Über den Mund ermöglicht sie Nahrungsaufnahme und über die Ausscheidungsorgane deren Abgabe nach ihrer Verarbeitung. Über die Augen wird mir das Sehen ermöglicht und über die Ohren das Hören. Die Haut selbst ist die große Fläche für das Fühlen und Spüren. Über ihre Rezeptoren geschieht Temperaturwahrnehmung. Schwitzen signalisiert dabei große Wärme und eine Gänsehaut eine Unterkühlung.

Die meisten Menschen haben ein Gespür für angemessene Nähe und Distanz. Manchen mangelt es jedoch an diesem Grundgespür. Wenn mir jemand zu nah auf die Pelle rückt, ist dies als Grenzverletzung unangenehm und übergriffig. Arthur Schopenhauer hat es ins Bild der Stachelschweine gebracht, die sich an einem kalten Wintertage recht nah zusammendrängen, um sich durch die gegenseitige Wärme vor dem Erfrieren zu schützen. Da sie sich durch ihre Stacheln verletzten, rückten sie wieder auseinander. Im Wechselspiel von Nähe und Distanz fanden sie schließlich jene Entfernung voneinander, in der sie es am besten aushalten konnten. Und diese Entfernung nannten sie Höflichkeit und feine Sitte. Im allgemeinen Umgang mangelt es manchen an Feingefühl, an Fingerspitzengefühl und Taktgefühl. Der Umgang gerät dann grob und roh statt behutsam und sanft.

Die Haut als Sinnesorgan

Unser größtes Sinnesorgan ist unsere Haut. Das Nervensystem und die oberste Schicht der Haut entwickeln sich aus den gleichen Zellschichten. Jedes einzelne unserer etwa fünf Millionen Körperhaare ist mit etwa 50 Berührungssensoren bestückt, die jede geringste Verformung des jeweiligen Haares registrieren, wie dies durch Berührungen, beispielsweise bei einer Umarmung oder bei einer Massage, geschieht. Durch die Verformung senden sie elektrische Signale ans Gehirn, das wiederum verschiedene Neurotransmitter und Hormone freisetzt, die bei diesen positiv empfundenen Berührungen den Herzschlag verlangsamen, die Muskulatur entspannen und den Stresspegel sinken lassen.

Die Haut als Berührungsfläche

Besonders sensibel sind wir über unsere Hände und Füße, über Fingerkuppen und Fußsohlen. Die Fingerabdrücke bezeichnen unsere Individualität, die Fußreflexzonenmassage verbindet uns mit unseren Organen. Während andere Säugetiere ihre Umwelt vorrangig über ihre Tasthaare an der Schnauze erkunden, ist es beim Menschen der Tastsinn der Haut. Gerade dem Hautkontakt kommt somit eine enorme Bedeutung für den Zusammenhalt zu. „Gesellige Tiere festigen die sozialen Bindungen innerhalb der Gruppe durch gegenseitiges Berühren, und dieser Kontakt kommt allen zugute. Primaten (einschließlich des Menschen), die einem größeren Ausmaß zärtlicher Sozialkontakte ausgesetzt sind, sind weniger gestresst und wachsen schneller heran als Individuen mit weniger Berührkontakt. Taktile Befriedigung während der frühen Entwicklung ist von kritischer Bedeutung für eine gesunde Verhaltensentwicklung; Jungtiere und Kinder, denen das vorenthalten wird, zeigen später im Leben nicht selten Verhaltenstörungen"[3], so die Anthropologin Nina G. Jablonski. Ein zärtliches Berühren wirkt sich positiv auf das Immunsystem aus, ein Kontaktentzug negativ. Die Körpersprache eines ritualisierten Körperkontakts in Form von Umarmen oder Händeschütteln gibt beiden Seiten Sicherheit und stärkt soziale Bindungen.

Die Art der körperlichen Kommunikation und die mit ihr verbundenen Berührungen sind ständigen Wandlungen unterworfen. Insbesondere bei Jugendlichen ändern sich die Begrüßungsrituale häufiger. „Give me five" stand in den letzten Jahren für das Abklatschen mit beiden Händen (allen Fingern) als Ausdruck der Begeisterung nach einer gelungenen Aktion. Im Fußball erfolgt dies nach einem Tor, heute häufig Brust an Brust, und ein Auswechselspieler schreitet abklatschend an der Reservebank vorbei. Eine direkte Berührung mit ihrem Idol – egal ob aus dem Bereich Sport, Musik oder Kultur – dürfte für viele Fans das Glücksgefühl schlechthin sein.

Die Haut als Wohlfühlindikator

Unsere Befindlichkeit wird durch unsere Haut sichtbar, etwa durch Erröten oder Erblassen. Die Haut ist auch im übertragenen Sinne ein äußerst sensibles Organ. Sie zeigt unsere Befindlichkeit an, etwa durch Neurodermitis, durch Ausschlag und allergische Reaktionen. Laut unseren Redewendungen kann die eine dünnhäutig sein, der andere ein dickes Fell haben. Was mich beschäftigt, geht unter die Haut. Manches lässt mich aus der Haut fahren. Auch wenn ich es möchte, kann ich manchmal nicht aus meiner Haut und fühle mich dann in meiner Haut nicht wohl. In schwierigen Herausforderungen möchte ich nicht in der Haut des anderen stecken. In Gefahrensituationen bin ich froh, mit heiler Haut davongekommen zu sein, während andere nur ihre nackte Haut retten konnten. Manchmal reizt es, sich mit Haut und Haaren einer Sache zu widmen, manchmal tut es gut, auf der faulen Haut zu liegen. Die Zuschreibung, „zart besaitet" zu sein, meint in der Regel kein Kompliment, sondern eher den Vorwurf, ein „Sensibelchen", eine Mimose zu sein. Interessant ist, dass unsere Haut unsere Lügen verrät, indem sich durch den psychischen Stress des Lügens die Zusammensetzung des Wasser-Fett-Films auf der Haut verändert und kleine Schweißperlen erscheinen. Die Veränderung der elektrischen Leitfähigkeit kann durch einen Detektor nachgewiesen werden.

Der Umgang mit der eigenen Haut verrät etwas über die gemachten Erfahrungen. Selbstschädigende Verhaltensweisen wie das Ritzen oder Brennen sind Ausdruck defizitärer menschlicher Zuwendungen und Folge eines Mangels an Angenommensein. Die selbst zugefügten äußerlichen körperlichen Schmerzen sollen den inneren seelischen Schmerz überdecken oder dazu beitragen, sich selbst überhaupt zu spüren. Über weitere wesentliche Aspekte des Umgangs mit der Haut wie Piercing oder Tattoos kann an dieser Stelle nicht weiter eingegangen werden. Ebenso wenig auf die düstere Geschichte des Rassismus aufgrund unterschiedlicher Hautfarben.

Berührungspunkte: Begreifen und Verstehen

Wie verstehen wir Menschen die Dinge? Indem wir sie be-greifen. Als Erwachsene verstehen wir eher auf der kognitiven Ebene und versuchen die Dinge intellektuell zu durchdringen. Als Kinder lernen wir zunächst durch Begreifen, indem wir die Sachen in die Hand nehmen und anfassen. Dadurch werden sie fassbar. Babys stecken alles Greifbare in den Mund und bekommen dadurch einen Zugang zur Wirklichkeit. Verstehen geschieht durch Begreifen, durch Zupacken, durch Anfassen. Während Berühren einen eher sanften Kontakt meint, steht das Anfassen für das Handfeste, das Haptische (von griech. haptos = fühlbar, den Tastsinn betreffend).

Als Kind ist es spannend, die verschiedenen Dinge in die Hand zu nehmen und zu erfassen: in der Natur zu spüren, wie Brennnesseln tatsächlich ihrem Namen gerecht werden; beim Springkraut die Samenkapseln durch Berührung regelrecht explodieren zu lassen; Tiere zu streicheln und die verschiedenen Fellsorten zu erkunden – Kinder lieben Streichelzoos!; unterschiedliche Rindenstrukturen von Bäumen zu ertasten, aber ebenso die Erfahrung zu machen, was es heißt, auf eine heiße Herdplatte zu fassen. Eines der Lieblingsspiele dürfte für Kinder bis heute das „Durchkitzeln" sein.

Da nicht wenigen Erwachsenen mittlerweile der Naturbezug und die sinnliche Feinfühligkeit verloren gegangen sind, werden zunehmend auf Seminaren entsprechende Wahrnehmungsübungen integriert: von anderen blind geführt zu werden, verschiedene Natur-Strukturen zu ertasten, die Nähe der Hände und ihre Aura zu spüren, auf „Pfaden der Sinne" und „Barfußpfaden" zu gehen und anderes mehr. Ein wesentlicher Inspirator in diesem Bereich ist der Sinnenforscher Hugo Kükelhaus (1900–1984) mit seinem „Erfahrungsfeld über die Entfaltung der Sinne". Schon Aristoteles wusste, dass nichts im Geist ist, was nicht zuvor in den Sinnen ist. Wir brauchen die Sinne, wir brauchen die Berührung mit der Außenwelt für das Funktionieren unserer geistigen Innenwelt.

Es verwundert nicht, dass sich die menschliche Grundkomponente des Berührens im Spirituellen wiederfindet. Das Berühren des Heiligen ist bis heute ein wesentlicher Ausdruck religiöser Praxis. Unserer mitteleuropäischen Mentalität entspricht es weniger, ist aber in süd- und osteuropäischen Kontexten gut zu beobachten. Die Spuren an Heiligenfiguren zeugen von einer entsprechenden Verehrung. Am bekanntesten diesbezüglich dürfte der Fuß des heiligen Petrus im Petersdom sein, der durch die Berührungen der Gläubigen golden glänzt. Eine Berührung mit dem Papst ist für viele das höchste der Gefühle. Einen hohen Stellenwert hatten in früheren Jahrhunderten die sogenannten Berührungsreliquien. Auch hier erhofften sich die Gläubigen, dass durch die Berührung etwas abfärbt von der Heiligkeit der Verehrten, so wie es sich die Menschen zurzeit Jesu von einer Berührung mit ihm erhofften. In der Theologie des Gebetes ist von der „Gabe der Tränen" die Rede als Ausdruck des Berührtseins. Im letzten Buch der Bibel wird als endzeitliche Hoffnung beschrieben, dass Gott alle Tränen von ihren Augen abwischen wird: „Der Tod wird nicht mehr sein, keine Trauer, keine Klage, keine Mühsal. Denn was früher war, ist vergangen" (Offb 21,4; vgl. Jes 24,8).

Menschwerdung:
Entwicklungspsychologische Aspekte

Aber zunächst zurück zu unserer menschlichen Entwicklung. Wessen bedarf der Mensch, um zum Menschen zu werden? Verwiesen wird als Antwort gern auf ein angebliches Experiment von Kaiser Friedrich II. von Hohenstaufen (1194–1250). Er habe die ursprüngliche Sprache der Menschheit herausfinden wollen und daher einige neugeborene Kinder ihren Müttern weggenommen und Ammen übergeben. Diese sollten sie mit Nahrung versorgen und waschen, keinesfalls aber mit ihnen sprechen und sich ihnen auch emotional nicht zuwenden. Ziel sei es gewesen, festzustellen, ob sie die hebräische Sprache sprechen würden, die griechische, die lateinische, die arabische oder die Sprache ihrer Eltern. Das Ergebnis laut dem italienischen Geschichtsschreiber Salimbene von Parma: Die Säuglinge starben, „denn sie konnten nicht leben ohne das Händeklatschen und Winken, das fröhliche Lächeln und die Koseworte ihrer Ammen und Nährerinnen". Einen ähnlichen Versuch hatte im 7. Jahrhundert v. Chr. bereits Pharao Psammetich (er regierte 664–610 v. Chr.) unternommen, wie der altgriechische Geschichtsschreiber und Reiseschriftsteller Herodot (ca. 485–425 v. Chr.) in seinen Büchern zur antiken Geschichte berichtet. Daraus erwächst der Verdacht, dass Salimbene von Parma – übrigens ein Franziskaner! – als politischer Gegner des Kaisers ihm den Waisenkinderversuch zur Diskreditierung untergeschoben hat. Wie auch immer, die Geschichte macht deutlich, dass der Mensch nicht allein vom Brot lebt, sondern von verbaler Zuwendung und Ansprache, von vielen zärtlichen Gesten und Berührungen.

Verwiesen werden kann ebenso auf Kaspar Hauser, einen etwa 16-jährigen Jungen, der im Jahr 1828 in Nürnberg auftauchte. Er war völlig verwahrlost und konnte kaum reden. Er war auf dem Stand eines Kleinkindes stehengeblieben, so dass die Menschen damals vermuteten, dass er über einen langen Zeitraum in einem Verlies gefangen gehalten worden war.

Der Roman „Die Wand" von Marlen Haushofer von 1963 und seine Verfilmung von 2012 zeigen, wie die Beziehung zwischen Menschen zu einer undurchdringlichen Wand werden kann, obwohl sie einander sehen. In der Erzählung trennt in der Natur plötzlich eine Glaswand die Menschen voneinander. Es kommt dadurch zu keiner innerlichen Nähe und Berührung und somit auch zu keiner wirklichen Begegnung. Eine anschauliche Metapher: Neben realen Wänden gibt es in unserem Leben virtuelle Wände, die uns voneinander trennen – in Form von Vorurteilen und mangelnder Bereitschaft, sich aufeinander einzulassen. In Abwandlung des Sprichworts hilft hier nur: Wer im Glashaus sitzt, sollte mit Steinen werfen, um das gläserne Gefängnis zu zerstören und wieder Zugang zu anderen zu finden.

Als Leib-Seele-Wesen haben wir unterschiedlichste Bedürfnisse. Gemäß der Bedürfnispyramide von Abraham Maslow sind es zunächst die leiblichen Bedürfnisse. Darüber hinaus gibt es aber auch spirituelle Bedürfnisse. „Der Körper als Instrument der Seele drückt physiologische Bedürfnisse aus, zum Beispiel Hunger, Durst oder Lust auf Bewegung. Die Seele will mehr, sie will Verbundenheit mit anderen, Selbst- und Fremderkundung, Anerkennung und Bestätigung. Sie hat das Bedürfnis, sich mitzuteilen oder auch zu schweigen, und letztlich strebt sie nach Transzendenz."[4]

Um Bindungen eingehen zu können, muss zunächst einmal Urvertrauen aufgebaut werden. Um Intimität pflegen zu können, bedarf es einer positiven Erfahrung körperlicher Nähe und Zuwendung. Das Kleinkind bedarf des Streichelns, Liebkosens, An-sich-Schmiegens und Wiegens, damit sich das Gefühl des Angenommenseins ausprägen kann. Untersuchungen bei Frühgeborenen haben aufgezeigt, dass sie eine ruhigere Atmung und einen ruhigeren Herzschlag haben, wenn ein intensiver Kontakt zur Haut der Mutter bzw. des Vaters besteht. „Ein Maßstab für die Entwicklung einer Person als ein gesundes menschliches Wesen ist das Ausmaß, mit dem er oder sie wirklich fähig ist, einen anderen zu umarmen und sich an der Umarmung des anderen zu erfreuen … im wahrsten Sinne des Wortes mit anderen in Berührung zu kommen"[5], so Ashley Montagu in seinem Werk über Berührung. Im Erwachsenenalter kommt der Berührung keine so grundlegende Bedeutung mehr zu wie in der Entwicklungsphase der Kindheit. Berührung ist dann stärker eine Form der Kommunikation, die körperlich unterstreicht, was ich verbal sage. Dennoch stellt sich auch Erwachsenen in unserer sogenannten VUKA-Welt, die geprägt ist von Vieldeutigkeit, Unsicherheit, Komplexität und Ambivalenz, die Herausforderung, wie das Bedürfnis nach Schutz und Halt, nach Gehaltenwerden und Geborgenheit gestillt werden kann.

Berührungen sind somit existentiell wichtig für die Persönlichkeitsentwicklung. Bei Körperkontakt produziert der Körper das Hormon Oxytocin, das sehr spezifisch mit sozialen Reizen verknüpft ist und deshalb im zwischenmenschlichen Bereich eine wichtige Rolle spielt. Es wird auch als „Kuschelhormon" bezeichnet. Heute lässt sich nachweisen, welches Neuronen-Blitzgewitter im Großhirn eines Babys entsteht, wenn Eltern mit ihrem Kind schmusen. Milliarden von Nervenzellen verschalten sich und bilden neue Netzwerke. Häufiger positiver Körperkontakt macht Kinder kräftiger und klüger. Wenn Eltern ihre Kinder in den Arm nehmen, um sie zu trösten oder mit ihnen zu spielen, dann stärkt der Körperkontakt die soziale und familiale Verbundenheit und lässt den Nachwuchs zu „sicher gebundenen" Kindern heranreifen.

Die Notwendigkeit von Berührung gilt jedoch nicht nur für Kinder. Untersuchungen haben gezeigt, dass das Hormon Oxytocin auch bei Erwachsenen Vertrauen schafft, dass es entstresst, das Immunsystem stärkt, Ängste nimmt, Schmerzen lindert und Verspannungen abbaut. Es führt zu einer größeren Bereitschaft, Konflikte in Frieden zu lösen. Die schwedische Berührungsforscherin Kerstin Uvnäs-Moberg hat festgestellt, dass wir uns noch nie so wenig angefasst haben wie im 21. Jahrhundert. Die Folge seien zunehmende Gewalt und Aggressivität. Weniger Berührungen sind somit auch gesellschaftlich relevant. In Deutschland leben mittlerweile über die Hälfte der Bevölkerung in Single-Haushalten. Es steht zu vermuten, dass auch durch diesen soziologischen Faktor der Körperkontakt zu einer „Mangelerscheinung" wird. Es ist bezeichnend, dass es in Großbritannien seit 2018 ein Ministerium für Einsamkeit gibt. Und es verwundert nicht, dass immer mehr kommerzielle Angebote auf dem Markt zu finden sind, die „Ersatz-Berührungen" anbieten, insbesondere verschiedenste Massagetechniken.

In einem Artikel unter dem Titel „Fass mich bitte an!" erzählt Xaver Schorno von seinem Sohn, der unter einer schweren Stoffwechselerkrankung leidet. Immer mehr seiner Körperfunktionen waren eingeschränkt, sein Körper eine einzige Verkrampfung. Das Einzige, was ein wenig half, war berühren, halten, streicheln, massieren und eincremen. Der Autor hat daher seinen Ausführungen den Untertitel „Streicheln – das größte Geschenk" gegeben. Denn: „Ohne Berührungen verkümmert die Seele und stirbt das Herz."[6] Er verweist auf Tiffany Field, die in ihrem Buch „Streicheleinheiten" behauptet: „Mindestens vier Umarmungen am Tag braucht der Mensch, um glücklich zu sein."[7]

Eine unverzichtbare Rolle spielt die Berührung im ärztlichen Kontext. Nicht umsonst sprechen wir von Behandlung. Wie ich be-hand-elt werde, ist von zentraler Bedeutung. Unsere Hände sind das zentrale Medium für unsere Hand-lungen, gleichermaßen mit aufbauenden Auswirkungen wie mit zerstörerischen.

Eine zentrale anthropologische Dimension ist unsere Sexualität. Sie ist ohne Körperkontakt, ohne Berührung kaum denkbar. Dies gilt sowohl für alle positiven wie alle negativen Facetten. Die Art der Berührung zeigt etwas an von der Beziehung, in der die Beteiligten zueinander stehen. Ein zärtliches Berühren ist Ausdruck der Wertschätzung, des Respekts und der Liebe. Was beim Verliebtsein geschieht, wenn sich die Schmetterlinge im Bauch einstellen, hat Pe Werner 1991 besungen: „Dieses Kribbeln im Bauch, das man nie mehr vergisst / Als ob da im Magen der Teufel los ist / Dieses Kribbeln im Bauch / Kennst du doch auch, wenn man glaubt / Fast überzuschäumen vor Glück". Stellvertretend für tausende von Liebesliedern mag hier der Song von Roland Kaiser von 1981 stehen: „Dich zu lieben, dich berühren. Mein Verlangen, dich zu spüren. Deine Wärme, deine

Nähe. Weckt die Sehnsucht in mir auf ein Leben mit dir."

In ihr Gegenteil verkehrt sich die natürliche Komponente der Leiblichkeit, wenn das Selbstbestimmungsrecht der*des anderen nicht geachtet und gegen deren*dessen Willen sexuelle Handlungen erzwungen werden. Zwischen Berührung und Sexualität ist aber zu unterscheiden. Sexuelle Begegnung ist ohne Berührung nicht möglich. Umgekehrt muss Berührung nicht zu einer sexuellen Praxis führen. Wer sich nach Angenommensein und Nähe, Liebe und Geborgenheit sehnt, mag der Gefahr unterliegen, sie über den sexuellen Kontakt zu suchen – und wird häufig enttäuscht. Hier verkehren sich dann Anfang und Ende. Statt der Höhepunkt der Begegnung zu sein, wird der sexuelle Kontakt zur Voraussetzung der Erfüllung eines urmenschlichen Bedürfnisses. Die Intimität wird verletzt und das eigentlich angezielte Bedürfnis nicht gestillt. Kirchlicherseits wird bis heute die legitime Ausübung der Sexualität reduziert auf die Erzeugung des Nachwuchses und der sexuelle Akt auf den Bereich der Ehe beschränkt. Der Aspekt der Lust inklusive der stimulierenden Berührungen als lebensfreundliche und lebensfördernde Komponente wird völlig unzureichend wahrgenommen. „Dass wir Zärtlichkeit nicht gottlos nennen"[8], mahnte Heinrich Dickerhoff in seinem Werk von 1989 und rief zur Versöhnung von Christentum und Sexualität auf. Hier bedarf es weiterhin einer erneuerten Sexualethik der katholischen Kirche, wie sie derzeit beim Synodalen Weg eingefordert wird.

Nur kurz erwähnt sei, dass Menschen Berührungsängste (Phobien) entwickeln können, die sich insbesondere gegen bestimmte Tiere wie Spinnen, Mäuse und Schlangen richten. Festzuhalten bleibt, dass Berührungen einen wesentlichen Teil unseres Menschseins ausmachen. Sie sind für die Entwicklung unserer Person und Persönlichkeit unabdingbar. Insbesondere als Kind bedürfen wir der Berührungen, um eine Bindungsfähigkeit zu entwickeln. Auch für Erwachsene sind Berührungen Ausdruck ihrer Beziehung zu anderen. Sie stärken das Zusammengehörigkeitsgefühl und sind so ein wichtiges soziales Medium. „Eine bedeutungsvolle Kommunikation einschließlich des gegenseitigen Berührens ist ein fester Bestandteil unseres evolutionären Erbes und ist unabdingbar für das persönliche und gesellschaftliche Wohlergehen"[9], so Nina G. Jablonski.

Stolperstein: Die Corona-Pandemie als Beziehungskiller

Die positive Qualität von Berührungen wurde in der jüngeren Vergangenheit insbesondere durch zwei Aspekte in Frage gestellt: durch die Corona-Pandemie und durch den Missbrauchsskandal nicht nur, aber insbesondere in der katholischen Kirche.

Das World-Press-Foto des Jahres 2021 zeigt zwei Frauen in inniger Umarmung. Das Besondere: Sie sind durch einen Umarmungsvorhang voneinander getrennt. Das Bild des dänischen Fotografen Mads Nissen entstand in einem Pflegeheim in São Paulo. Es zeigt die 85-jährige Rosa Luzia Lunardi, wie sie in der Corona-Krise von der Krankenschwester Adriana Silva da Costa Souza umarmt wird. Es war die erste Umarmung, die sie seit fünf Monaten erhielt. Das Foto trägt dementsprechend den Titel „The First Embrace" („Die erste Umarmung"). Das Foto berührt und bewegt mich, weil es eine existentielle Bedürftigkeit von uns Menschen zeigt: den Wunsch nach Zuwendung, nach Kontakt und Nähe. Ein Bedürfnis, das durch die Kontaktbeschränkungen während der Corona-Pandemie nicht mehr gestillt werden konnte.

Das Corona-Virus Covid-19 hat unsere Art des leiblichen Umgangs miteinander völlig verändert. Zu den normalen Gepflogenheiten gehörte es in Deutschland, einander zur Begrüßung die Hand zu reichen oder je nach Intensität des Freundschaftsgrads einander zu umarmen. Zum Schutz vor gegenseitiger Ansteckung wurde mit dem social distancing die Abstandsregel eingeführt. Es galt, jeden Körperkontakt zu vermeiden und eineinhalb bis zwei Meter Abstand zu halten. Hinzu kam eine Maskenpflicht in Innenräumen und öffentlichen Verkehrsmitteln, bei größeren Menschenansammlungen auch im Freien. Während zuvor eine adäquate Nähe Ausdruck der Beziehung war, galten nun Abstand und Distanz als Form der Nächstenliebe. Das Corona-Virus hat uns eine veränderte Form des Zusammenlebens als neue Normalität aufgezwungen, von der wir noch nicht wissen, wie sie sich letztlich auswirkt: keine körperliche Nähe, kein Händeschütteln, keine Umarmungen, kein aufmunterndes Auf-die-Schulter-Klopfen, kein Schunkeln im Festzelt, kein gemeinsamer Tanz, höchstens ein Gruß Ellenbogen an Ellenbogen oder Faust an Faust.

Die Form des Schutzes ging so weit, dass Besuche in Alten- und Pflegeeinrichtungen sowie Krankenhäusern verboten wurden. Auch der Kontakt untereinander war teilweise nicht mehr möglich. Die Bewohner:innen mussten auf ihren Zimmern bleiben und hatten nur noch das Pflegepersonal als Ansprechpartner:innen. Dies führte zu der Frage, was schlimmer ist, der infektiöse Tod durch eine Viruserkrankung oder der soziale Tod durch Vereinsamung. Eine adäquate Sterbebegleitung, zu der unabdingbar Nähe gehört – etwa in Form des Handhalten –, war nicht mehr möglich. Die Vermittlung „Du bist nicht allein, auch wenn du deinen letzten Weg letztlich allein gehen musst" entfiel. Das führte zu Sterbeszenarien in Einsamkeit und Verlassenheit, selbst wenn sich das Pflegepersonal nach Kräften bemühte, für die Patient:innen und Sterbenden da zu sein. Ein Albtraum für die Sterbenden und ihre Angehörigen.

Die Bestimmungen während der Pandemie betrafen auch das kirchliche Leben in nicht unerheblichem Maß. Gottesdienste konnten nur mit Abstandsregelungen und verminderter Teilnehmendenzahl gefeiert werden. Zu bestimmten Zeiten galt Maskenpflicht und der Gemeinde- und Chorgesang war untersagt. Der Friedensgruß in Form des Händeschüttelns entfiel. Wesentliche Elemente, die zu einer Gemeinschaftsbildung beitragen, durften nicht mehr praktiziert werden. Virtuelle Feiern können letztlich die gemeinsame Präsenz und das reale Erleben nicht ersetzen. Christentum lebt vom Feiern in Gemeinschaft und von leiblicher Unmittelbarkeit. Die Corona-Pandemie hat für die kirchliche Praxis zu einem wesentlichen Defizit geführt, das sich nur schwer auffangen lässt.

Um auf die Wichtigkeit von Berührungen trotz der Gefahren durch das Corona-Virus aufmerksam zu machen, konzipierte das Paula-Modersohn-Becker-Museum in Bremen die Ausstellung „Berührend – Annäherungen an ein wesentliches Bedürfnis", die von September 2020 bis Januar 2021 zu sehen war.

Prüfstein: Der Missbrauchsskandal in der römisch-katholischen Kirche

In Museen finden wir den Warnhinweis „Bitte nicht berühren!". Besonders kostbare Exponate dürfen nicht angefasst werden und sind zu ihrem Schutz mit Alarmanlagen gesichert. Auch Menschen sind Kostbarkeiten, doch solche, die berührt werden wollen – aber angemessen! Manche Menschen haben teils massive Berührungsängste, weil sie schlechte Erfahrungen gemacht haben und fürchten, von anderen verletzt zu werden. Berührung schafft immer Nähe. Berührung ist ein Eingriff in meine Intimsphäre. Ist diese nicht respektiert worden, verliere ich das Vertrauen zu anderen Menschen. Auf diese Weise geschädigte Menschen halten körperlichen Abstand über das normale Maß des sozial Gebotenen hinaus und tun sich schwer, mit anderen in Kontakt zu kommen.

Dies gilt insbesondere für Menschen, die sexuellen Missbrauch erlitten haben. Seit 2002 vergeht kaum ein Jahr, in dem nicht innerkirchlich ein neuer Missbrauchsskandal enthüllt wird. Beginnend mit den USA, kam ab 2010 auch in Deutschland die ganze Tragweite des sexuellen Missbrauchs in den Blick. Im Rahmen der Kirche hat es immer wieder in großer Zahl massive Grenzverletzungen durch Priester und kirchliche Mitarbeitende gegeben. Jede dieser Grenzverletzungen beruht letztlich auf Machtmissbrauch. Um es zugespitzt zu formulieren: Jeder sexuelle Missbrauch ist Seelenmord! Jeder Übergriff ist eine Grenzverletzung, unter der die Betroffenen lebenslang leiden. Sexueller Missbrauch – zumal wenn er mehrfach vollzogen und zusätzlich mit schweren körperlichen Misshandlungen einhergeht – führt nicht selten zu Beziehungsstörungen und zur Unfähigkeit, Bindungen einzugehen. Er zerstört Lebensplanungen und das Bedürfnis, *normal* zu leben. Er beeinträchtigt Berufsausbildungen und Karrieremöglichkeiten, Familienplanung und Freundschaftspflege. Die Auswirkungen können bis zum Suizid führen. Nicht zuletzt ist die Erfahrung von Grenzverletzungen körperlicher, aber auch geistlicher Art eine massive Herausforderung für das eigene Gottesbild, für den Glauben und die Möglichkeit, ihn im Rahmen von Kirche zu leben.

Verwiesen sei auf den Hashtag #MeToo, der das Ausmaß sexueller Gewalt an Frauen deutlich gemacht hat. Ursprünglich wurde die Phrase „Me too" 2006 von der Aktivistin Tarana Burke verwendet mit dem Ziel, Bestärkung durch Empathie unter afroamerikanischen Frauen zu fördern, die Erfahrungen mit sexuellem Missbrauch gemacht hatten. Ab Mitte Oktober 2017 fand er Verbreitung im Zuge des Weinstein-Skandals und stieß eine breite gesellschaftliche Debatte an.

Somit ist in aller Klarheit festzuhalten: Berührung erfordert entweder das Einverständnis der*des anderen oder die Eindeutigkeit der Situation, dass meine Berührung erwünscht und angemessen ist. Berührung kann Ausdruck der (Mit)Freude sein, aber auch der (Mit)Sorge, des Trostes und der Ermutigung. Wie sie wahrgenommen wird, kann ich im Letzten nicht beurteilen. Ich kann nur versuchen, sensibel hinzuspüren, wie die*der andere reagiert, was passt und was nicht passt.

Der Missbrauch von Berührungen darf nicht dazu führen, den *natürlichen* Umgang mit Berührungen völlig zu unterlassen. Für den Theologen Thomas von Aquin (1225–1274) ist die Offenheit und Empfänglichkeit für das Vergnügen, das aus der Berührung kommt, eine Tugend. Entscheidend sind die Haltungen, die mit ihr verbunden sind. Es kommt auf die Intention an, mit der Berührungen ausgeübt werden. Es kann also auch für Priester und kirchliche Mitarbeitende nicht darum gehen, Berührung völlig zu tabuisieren und nicht mehr zu praktizieren.

Bei allen, die Missbrauchserfahrungen gemacht haben, wird eine Theologie der Berührung zunächst einmal Abwehr und Widerstand hervorrufen. Für sie geht es primär um Schutz und Sicherheit. Ob sie je wieder ein positives Verhältnis zu leiblichen Berührungen entwickeln oder aufbauen können, ist individuell verschieden. Oft bleibt nur der stumme Schrei: Umarme mich, aber rühr mich nicht an! Eine Theologie der Berührung wird sich auf jeden Fall rechtfertigen müssen, ob sie vor dem Hintergrund des Missbrauchsskandals Bestand haben kann.

2 Die Zärtlichkeit Gottes – Die biblische Perspektive

Die Bibel: Ein Liebesbrief Gottes

Dietrich Bonhoeffer hat seinen jungen Seminarstudenten ans Herz gelegt, die Bibel zu lesen wie einen Liebesbrief. Auch wenn die biblischen Schriften so etwas sind wie ein Liebesbrief, wie eine Liebeserklärung Gottes an uns Menschen, so zeigen sie Gott in einer Vielfalt von Bildern und Zugängen. Heute wird darauf verwiesen, Gott weder auf die in einer patriarchalen Gesellschaft vorrangigen männlichen noch auf die weiblichen Bilder festzulegen und Rollenklischees zu vermeiden. Es gilt der theologische Grundsatz, dass die Vorstellungen, die wir Menschen uns von Gott machen, ihm immer unähnlicher sind als ähnlich. Da die biblischen Bilder von Gott sich bis heute stark ausprägen in unseren Gottesvorstellungen, werden sie in einigen Grundzügen vorgestellt.

Die Mütterlichkeit Gottes

Gott werden in den biblischen Schriften sowohl männlich orientierte kriegerische Eigenschaften zugeschrieben als auch weiblich konnotierte bergende Eigenschaften. „Wie einen Mann, den seine Mutter tröstet, so tröste ich euch" (Jes 66,13) ist einer dieser Zusprüche Gottes. Das Volk soll an der Stadt Jerusalem getröstet werden. „Jubelt mit ihr, alle, die ihr um sie trauert, auf dass ihr trinkt und satt werdet an der Brust ihrer Tröstungen, auf dass ihr schlürft und euch labt an der Brust ihrer Herrlichkeit! Denn so spricht der HERR: Siehe, wie einen Strom leite ich den Frieden zu ihr und die Herrlichkeit der Nationen wie einen rauschenden Bach, auf dass ihr trinken könnt; auf der Hüfte werdet ihr getragen, auf Knien geschaukelt" (Jes 66,10–12). Ähnlich wie beim Propheten Jesaja finden wir auch beim Propheten Hosea ein elterliches Bild Gottes: „Ich war es, der Efraim gehen lehrte, ich nahm ihn auf meine Arme. Sie aber haben nicht erkannt, dass ich sie heilen wollte. Mit menschlichen Fesseln zog ich sie an mich, mit den Ketten der Liebe. Ich war da für sie wie die Eltern, die den Säugling an ihre Wangen heben. Ich neigte mich ihm zu und gab ihm zu essen" (Hos 11,3–4).

Rührung und Erbarmen

In der hebräischen Sprache des Ersten Testament steht das Wort *ruah* für den Wind, aber ebenso für den Atem. Es meint den Lebensodem, den Lebenshauch, den Gott zu Beginn der Schöpfung dem Menschen eingehaucht hat. Das weibliche Wort *ruah* steht zugleich für den Gottesgeist. Es ist in seinem Wortstamm verwandt mit *rächem*, das ist im Hebräischen der Mutterschoß. Dieser Ausdruck wiederum steckt im Wort für Barmherzigkeit. *Rachamim* ist der Plural von *rächem*, und bezeichnet einen Raum unterhalb des Brustkorbs, an dem Mann und Frau Rührung empfinden. Eine biblische Verwendung findet sich beispielsweise in der Josefsgeschichte, wo der Moment beschrieben wird, in dem Josef nach langen Jahren zum ersten Mal seinen jüngsten Bruder wiedersieht. „Dann aber eilte Josef hinweg, denn tief bewegt war sein Inneres (*rachamim*) beim Anblick seines Bruders [Benjamin], und er musste sich ausweinen" (Gen 43,30). Die Wortwurzel *cham*, die sich in *rachamim* findet, bedeutet Wärme. Eine zentrale Wesenseigenschaft Gottes, seine Barmherzigkeit, ist also mütterlich, wärmend und bergend wie ein Mutterschoß, ein Ort, in dem wir geschützt heranwachsen können. Barmherzigkeit ist wie ein gebärender Vorgang, wie die zärtliche Liebe, die vom Mutterschoß zum Kind fließt. Die Bundestreue Gottes haben die Israeliten als mütterliche Zuwendung erfahren. Die wärme- und lebensspendende Mütterlichkeit Gottes hat heilende und befreiende Kraft. Sie schenkt uns das Leben, den Lebensatem und die Geistkraft. „Als Mutter durchwirkt er mit Seinem Leuchten alles und taucht alle seine Geschöpfe in barmherzige Zärtlichkeit und in Licht"[10], so Thomas Merton.

Lieder der befreienden Zuwendung

Das Gemeinte kommt in den Liedern der Befreiung zum Ausdruck, im Magnificat (Lk 1,46–55) und im Benedictus (Lk 1,68–79). Im Magnificat singt Maria davon, dass Gott sich von Geschlecht zu Geschlecht über alle erbarmt, die ihn fürchten, dass er sich seines Knechtes Israel annimmt und an sein Erbarmen denkt, das er unseren Vätern verheißen hat. Im Benedictus, dem Lobgesang des Zacharias, heißt es, dass Gott sein Erbarmen mit den Vätern an uns vollendet und an seinen heiligen Bund gedacht hat. „Durch die barmherzige Liebe unseres Gottes wird uns besuchen das aufstrahlende Licht aus der Höhe, um allen zu leuchten, die in Finsternis sitzen und im Schatten des Todes." In beiden Liedern wird das Erbarmen Gottes besungen. Mitleid zu haben und zu empfinden ist im biblischen Verständnis wie erwähnt im Bauchraum verortet, in den Eingeweiden. Der griechische Begriff *splanchna* meint das, was sich „in mir rumdreht". Barmherzigkeit ist dann ein Vorgang, in dem sich die Eingeweide umdrehen, in dem sich das Innerste nach außen wendet und das Mitleid und das Erbarmen die Oberhand gewinnen. In der Textfassung der in Latein geschriebenen Bibelübersetzung Vulgata heißt es wörtlich: „durch die Eingeweide der Barmherzigkeit unseres Gottes"[11]. Barmherzigkeit ist dann mehr als eine bloße Haltung, sie ist zugleich körperliche Reaktion. Jesus fordert uns auf: „Seid barmherzig, wie es auch euer himmlischer Vater ist" (Lk 6,36). Durch unsere menschliche Barmherzigkeit – unser Herz für das Arme, das Vereinsamte, das Bemitleidenswerte, das Unglückliche – wird etwas sichtbar vom göttlichen Strom seines neugestaltenden und gebärenden Wirkens.

Berührungen im Ersten Testament

Unnahbar: Gott auf Abstand

Die Begegnung mit Gott hat trotz dieser berührenden Aspekte etwas Ambivalentes. Er ist der Nahe und der Ferne, der liebevoll Zugewandte und der gefährlich Bedrohliche zugleich. Der Religionswissenschaftler Rudolf Otto hat dieses Phänomen als *mysterium tremendum et fascinans* bezeichnet, als ein Geheimnis, das Furcht ebenso auslöst wie Faszination. Das Göttliche ist gleichermaßen abschreckend wie anziehend. Dementsprechend ist es für den Menschen alles andere als selbstverständlich, dass er sich Gott nähern kann. Gott gegenüber gilt es, den gebührenden Abstand zu wahren. Wer den Herrn von Angesicht zu Angesicht schaut, muss nach biblischem Verständnis sterben. Eine Ausnahme bildet Mose. Er darf Gott schauen. Doch seinen Namen erfährt er nicht. Gott verweigert ihm den Namen. „Ich bin der ich bin" bzw. „Ich bin der ich sein werde" (Ex 3,14). Der Gott Israels erschließt sich nicht durch seinen Namen, sondern durch sein Handeln. Seine Gegenwart wird im Ersten Testament verdeutlicht durch Zeichen wie die Wolkensäule und die Feuersäule. Sie werden auch im Zweiten Testament aufgegriffen anlässlich der Taufe Jesu und bei seiner Verklärung, bei denen Gott jeweils aus einer Wolke heraus spricht, sowie bei der Himmelfahrt Jesu, bei der eine Wolke den Jüngern den Blick auf Jesus entzieht. An Pfingsten taucht das Motiv des Feuers in Form der Feuerzungen wieder auf.

Im Buch Exodus wird Mose aufgefordert, um das Volk eine Grenze zu ziehen und ihm zu verbieten, auf den Berg zu steigen „oder auch nur seinen Fuß zu berühren! Jeder, der den Berg berührt, hat den Tod verdient. Keine Hand soll den Berg berühren. Wer es aber tut, soll gesteinigt oder mit Pfeilen erschossen werden; sei es Tier oder Mensch, es darf nicht am Leben bleiben. Erst wenn das Horn ertönt, dürfen sie auf den Berg steigen" (Ex 19,12–13). Auch für die Träger am Offenbarungszelt, die Kehatiter, gilt, dass sie das Heilige nicht berühren dürfen, sonst müssen sie sterben (vgl. Dtn 6,5). Erst nachdem Aaron und seine Söhne beim Aufbruch des Lagers mit dem Verhüllen des Heiligtums und aller heiligen Geräte fertig sind, übernehmen sie den Trägerdienst (vgl. Dtn 4,15).

Die Begegnung mit Gott ist keineswegs immer nur ein dezentes, sanftes Berühren. Sie kann ebenso ein kräftiges Ringen werden. Eine Erfahrung, die vom Stammvater Jakob im Buch Genesis erzählt wird. Im Übergang von einer Lebensphase in die andere ringt eine unbekannte Gestalt mit ihm. „Als der Mann sah, dass er ihn nicht besiegen konnte, berührte er sein Hüftgelenk. Jakobs Hüftgelenk renkte sich aus, als er mit ihm rang" (Gen 32,26). Jakob geht aus diesem Ringkampf zwar als Gezeichneter hervor, zugleich aber als Gesegneter. Daraus leitet sich eine jüdische Essensvorschrift ab: „Darum essen die Israeliten den Muskelstrang über dem Hüftgelenk nicht bis auf den heutigen Tag; denn er hat Jakobs Hüftgelenk, den Hüftmuskel berührt" (Gen 32,33).

Berührt: Gott in Begegnung

Als eines der berühmtesten Gemälde steht uns diesbezüglich das Deckengemälde der Sixtinischen Kapelle vor Augen. Michelangelo hat 1510 die Erschaffung Adams gemalt. Gott, der seinen Arm um Eva bzw. Sophia (die Weisheit) gelegt hat, und Mensch (Adam) berühren sich mit ihren Zeigefingern – fast. Ein kleiner Abstand bleibt. Dennoch eine Geste der Zuwendung. Im zweiten Schöpfungsbericht formt Gott den Menschen aus Staub vom Erdboden und bläst ihm in seine Nase den Lebensatem. Dadurch wird er zu einem lebendigen Wesen (vgl. Gen 2,7). Mehr direkte Gottesnähe geht nicht. In allen Geschöpfen findet sich göttliche Lebenskraft.

Bei der Erwählung Israels als sein Volk spricht Gott: „Ihr habt selbst gesehen, was ich den Ägyptern angetan habe, wie ich euch auf Adlerflügeln getragen und zu mir gebracht habe" (Ex 19,4). Im Lied des Mose schildert er Gott wie einen Adler, der über seinen Jungen schwebt,

„seine Schwingen ausbreitet, eines von ihnen aufnimmt und es auf seinem Gefieder trägt" (Dtn 32,11). Von Gott auf Adlerflügeln getragen zu werden – ein imposantes und kraftvolles Bild voller Zuflucht und Geborgenheit. Der Psalmist bittet daher: „Birg mich im Schatten deiner Flügel" (Ps 17,8).

Rund neunzig Mal werden in der Bibel die Cherubim erwähnt. Ihre Form wird nicht genau beschrieben, außer dass sie Flügel aufweisen. Als übernatürliche Wesen sind sie Diener und Begleiter Gottes. Sie stehen für seine Nähe etwa als Teil der Bundeslade und des Salomonischen Tempels. Sowohl das zweite Buch der Chronik als auch das erste Buch der Könige berichten, dass die Flügel einander und die Wände des Hauses berühren (vgl. 2 Chr 3,11–12; 1 Kön 6,27). Von Cherubim als begrenzt menschenähnlichen Wesen, die sich mit ihren Flügeln berühren und ihren Leib bedecken, ist auch beim Propheten Ezechiel die Rede (vgl. Ez 1,9–11; 3,13).

Das Berufungsgeschehen durch Gott wird häufig mit Berührung in Verbindung gebracht. „Auch Saul ging in sein Haus nach Gibea. Und mit ihm zog eine Schar von Männern, deren Herz Gott berührt hatte" (1 Sam 10,26). Beim Propheten Jesaja berührt ein Serafim (Engel) mit einer glühenden Kohle seinen Mund und sagt: „Siehe, dies hat deine Lippen berührt, so ist deine Schuld gewichen und deine Sünde gesühnt" (Jes 6,7). Vom Propheten Jeremia, der meint, dass er nicht reden könne, da er noch zu jung sei, wird berichtet: „Dann streckte der Herr seine Hand aus, berührte meinen Mund und sagte zu mir: Hiermit lege ich meine Worte in deinen Mund" (Jer 1,9), und bei Daniel heißt es, dass er während einer Vision zu Boden fällt: „Während er mit mir redete, lag ich ohnmächtig da, mit dem Gesicht am Boden. Da berührte er mich und stellte mich wieder auf die Beine" (Dan 8,18). Bei einer weiteren Vision verliert er zunächst die Sprache: „Da berührte eine Gestalt, die aussah wie ein Mensch, meine Lippen. Nun konnte ich den Mund wieder öffnen und sprechen. Ich sagte zu dem, der vor mir stand: Mein Herr, als ich die Vision sah, wand ich mich in Schmerzen und verlor alle Kraft. Wie kann ich, der Knecht meines Herrn, mit meinem Herrn reden? Mir fehlt seitdem jede Kraft, selbst der Atem stockt mir. Da berührte mich die Gestalt, die wie ein Mensch aussah, von Neuem, stärkte mich und sagte: Fürchte dich nicht, du geliebter Mann! Friede sei mit dir. Sei stark, ja, sei stark! Als er so mit mir redete, fühlte ich mich gestärkt und sagte: Nun rede, mein Herr, denn du hast mich gestärkt!" (Dan 10,16–18). Der Prophet Ezechiel bekommt gar eine Buchrolle zu essen zum Zeichen für seinen Verkündigungsauftrag (Ez 2,8; 3,1–4).

Häufig sind es die Engel, die als Synonym für Gottes Gegenwart und Handeln stehen. Beispielhaft sei hier auf den Propheten Elija verwiesen, der in seinem religiösen Burnout in der Wüste nahe Beerscheba von einem Engel mit Brot und einem Krug Wasser gestärkt wird. So gestärkt wandert er vierzig Tage und Nächte zum Gottesberg Horeb, um dort Gott in ganz neuer Weise zu erfahren: nicht im Sturm, nicht im Erdbeben und nicht im Feuer, sondern im leisen sanften Säuseln (vgl. 1 Kön 19,1–18). Gott begegnet ihm in einer „Stimme verschwebenden Schweigens" (Martin Buber). Elija steht für eine veränderte Gotteserfahrung: ein Gott, der sich nicht durch kraftvolle und mächtige Naturgewalten kundtut, nicht durch kriegerische Schlachten, nicht durch Opfergaben und Tempelkult, sondern durch ein sanftes zärtliches Berühren. „Gott bekommt man nicht zu sehen, nur zu spüren"[12], so die Erkenntnis des israelischen Aphoristikers Elazar Benyoëtz.

Ansteckend: Rein und unrein

Auf der menschlichen Ebene sind Berührungen im Ersten Testament vorrangig mit den Kategorien von rein und unrein verbunden – dies sowohl aus hygienischer wie aus kultischer Perspektive. Hinter der Angst vor der Berührung oder dem Wunsch nach Berührung steht die Vorstellung, dass die Berührung abfärbt und etwas von dem Unreinen bzw. dem Heiligen überträgt.

Beim Auszug aus dem Babylonischen Exil mahnt der Prophet Jesaja: „Fort, fort! Zieht aus von dort! Fasst nichts Unreines an! Zieht aus ihrer Mitte! Haltet euch rein, die ihr die Geräte des HERRN tragt!" (Jes 52,11). Nach antiker Vorstellung hat der Kontakt zwischen rein und unrein eine unheilvolle Wirkung. Die Reinheitsvorschriften sollen dem Unheil vorbeugen bzw. den Schaden begrenzen, wenn es zu einer Tabuverletzung gekommen ist. So ist es den Israeliten verboten, Aas zu berühren, da es unrein macht bis zum Abend (vgl. Lev 11,8.26.27; Num 14,8). Eine Unreinheit bis zum Abend tritt ebenfalls auf bei der Berührung mit einem Menschen, der an Ausfluss leidet (vgl. Dtn 15,7.10), und bei der Berührung mit einer Frau, die Ausfluss hat oder ihre Monatsblutung (vgl. Dtn 15,19). „Wer einen toten Menschen berührt, ist sieben Tage lang unrein" (Dtn 19,11). Dies gilt ebenso für ein Grab (vgl. Dtn 19,16). Alles, was der Unreine berührt, ist unrein. Jeder, der ihn berührt, ist bis zum Abend unrein (vgl. Dtn 19,22). Jesus hat in einem Lehrgespräch über die kultische Reinheit den Blick von der äußeren auf die innere Dimension gelenkt. Wichtiger als die von Menschen gemachten Regeln wie beispielsweise das Essen mit gewaschenen Händen sind die Gebote Gottes. „Versteht ihr nicht, dass das, was von außen in den Menschen hineinkommt, ihn nicht unrein machen kann? Denn es gelangt ja nicht in sein Herz, sondern in den Magen und wird wieder ausgeschieden. Damit erklärte Jesus alle Speisen für rein. Weiter sagte er: Was aus dem Menschen herauskommt, das macht ihn unrein. Denn von innen, aus dem Herzen der Menschen, kommen die bösen Gedanken, Unzucht, Diebstahl, Mord, Ehebruch, Habgier, Bosheit, Hinterlist, Ausschweifung, Neid, Lästerung, Hochmut und Unvernunft. All dieses Böse kommt von innen und macht den Menschen unrein" (Mk 7,18–23).

Umgekehrt gilt, dass das Heilige positiv abfärbt. „Alles, was den Altar berührt, wird heilig", heißt es im Buch Exodus (29,37). Mose erhält die Aufforderung: „So sollst du sie weihen, damit sie hochheilig seien; alles, was sie berührt, wird heilig" (Ex 30,29). Wenn Dinge im Namen Gottes berührt werden, verändern sie sich zum Guten: Mose schlägt mit seinem Stab auf den Nil, er schlägt mit demselben Stab Wasser aus dem Felsen (vgl. Ex 17,6). Vielleicht war es derselbe Hirten- und Wanderstab, den er bereits in der Hand hatte, als er Gott am brennenden Dornbusch begegnete und mit dem er vor dem Pharao stand.

Die Geschichte vom Durchzug durch das Rote Meer wiederholt sich beim Einzug ins Gelobte Land und beim Durchzug durch den Jordan. Auch hier weicht das Wasser, so dass das Volk trockenen Fußes den Fluss durchqueren kann. „Und als die Träger der Lade an den Jordan kamen und die Füße der Priester, die die Lade trugen, das Wasser berührten – der Jordan war aber während der ganzen Erntezeit über alle Ufer getreten –, da blieben die Fluten des Jordan stehen" (Jos 3,15). Nachdem alle hindurchgezogen sind, heißt es: „Als nun die Priester, die die Bundeslade des HERRN trugen, aus der Mitte des Jordan heraufstiegen und ihre Fußsohlen das Ufer berührten, da kehrte das Wasser des Jordan an seinen Ort zurück und trat wie gestern und vorgestern wieder über alle Ufer" (Jos 4,18).

Anziehend: Berührungen zwischen Mann und Frau

Mit Berührung bzw. Erkennen wird im Ersten und Zweiten Testament der Beischlaf bezeichnet. So erscheint Gott Abimelech im Traum und verkündet ihm, dass Sara bereits verheiratet ist. Abimelech „hat sich ihr noch nicht genaht" und Gott sagt ihm: „Ich habe dich ja auch daran gehindert, gegen mich zu sündigen. Darum habe ich nicht zugelassen, dass du sie anrührst" (Gen 20,4.6). Im Buch der Sprichwörter heißt es: „So ist es mit dem, der zur Frau seines Nächsten geht. Keiner bleibt ungestraft, der sie berührt" (Spr 6,29). Auffällig ist, dass die (sündige) Berührung stets vom Mann ausgeht.

Das Sexuelle und das Religiöse gelten als die stärksten Kräfte und Dynamiken des Menschseins. Da verwundert es nicht, dass die Mystikerinnen und Mystiker ihre Gotteserfahrungen in teils hocherotischen Sprachformen schildern. In Anlehnung an das Hohelied – das einzige Buch der Bibel, in dem das Wort Gott nicht vorkommt –

wird die Beziehung zwischen Gott und der menschlichen Seele wie in einem Liebesdrama beschrieben. Ein Geschehen voller Sehnsucht, im Geliebten aufzugehen und ganz eins zu werden. Im Hohelied wird geschildert, wie die Braut ihren Geliebten sucht und, als sie ihn endlich findet, ihn packt und nicht mehr loslässt (vgl. Hld 3,1f).

Erkrankt: Die Haut als Spiegelbild

Während für uns heute die Haut in Bezug auf das Sensitive und auf das Sexuelle eine selbstverständliche Rolle spielt, ist im Ersten Testament vom Begreifen, Berühren und (sinnlichen) Fühlen nicht die Rede. In der Bibel wird die Haut nur selten direkt angesprochen. Sie ist von Gott geschaffen und dem Menschen gegeben. „Mit Haut und Fleisch hast du mich umkleidet", sagt Ijob zu Gott (Ijob 10,11). Zumeist ist von ihr im Zusammenhang mit Krankheit die Rede. So klagt Ijob: „Mein Leib ist gekleidet in Maden und Schorf, meine Haut schrumpft und eitert" (Ijob 7,5), „Ohne meine Haut, die so zerfetzte, und ohne mein Fleisch werde ich Gott schauen (Ijob 19,26), „Die Haut an mir ist schwarz, von Fieberglut brennen meine Knochen" (Ijob 30,30). Ähnlich in den Klageliedern: „Er zehrte aus mein Fleisch und meine Haut, zerbrach meine Glieder" (Ijob 3,4); „Die Haut schrumpft ihnen am Leib, trocken wie Holz ist sie geworden" (Ijob 4,8); „Unsere Haut glüht wie ein Ofen von den Gluten des Hungers" (Ijob 5,10). Die Haut ist Spiegelbild von somatischen Krankheiten und inneren Befindlichkeiten.

Beschnitten: Ein Bekenntnis

Einen besonderen Aspekt finden wir im Judentum. Als Zeichen der Treue Gottes, als Gütezeichen seines Bundes gilt die Beschneidung. Dem männlichen Gläubigen wird in der Regel vom Vater am 8. Tag nach der Geburt seine Vorhaut entfernt (vgl. Gen 17,12; 21,4; Lev 12,3; Lk 1,59; 2,21). Ein markanter und lebenslang bleibender im wahrsten Sinne des Wortes „einschneidender" Akt, der diese religiöse Dimension ins Körpergedächtnis einprägt. Er findet sich auch bei Muslimen und koptischen Christen. Der französische Philosoph Jacques Derrida prägte dafür das Kunstwort *circonfession*: Beschneidung als Bekenntnis, Bekenntnis als einschneidendes Geschehen. Die Propheten verweisen auf die „Beschneidung des Herzens", die das äußere Zeichen verlebendigen muss (vgl. Lev 26,41; Dtn 10,16; Dtn 30,6; Jer 4,4; Jer 9,24f). Dennoch erlangte die Beschneidung Bekenntnischarakter, als sie vom Seleukidenkönig Antiochus IV. (175–164 v. Chr.) und vom römischen Kaiser Trajan (117–138 n. Chr.) verboten wurde. Das Apostelkonzil bestimmte für die Christen, dass eine Beschneidung nicht notwendig sei (vgl. Apg 15,1–11). Das Entscheidende ist nun nicht mehr die Beschneidung des Fleisches, sondern „Beschneidung ist, was am Herzen durch den Geist, nicht durch den Buchstaben geschieht" (Röm 2,29).

Als Menschenrechtsverletzung wird heutzutage zumindest aus unserer europäisch-westlichen Perspektive die Beschneidung von Frauen betrachtet, wenn Mädchen als Zeichen der Reifung während der Pubertät die Klitoris beschnitten wird bzw. auch die Schamlippen komplett entfernt werden. Im Gegensatz zur Beschneidung bei Männern geht es hier auch um den Aspekt der Kontrolle bzw. Abtötung der weiblichen Sexualität und Lust.

Die religiöse Komponente fasst Johannes Röser so zusammen: „Die Haut ist und bleibt auch in christlichen Kontexten das, was die Biologie der Evolution naturhaft vorgegeben hat und was der Mensch kulturell daraus machen konnte. Über die Haut erfährt der Mensch, geliebt zu sein. Über die Haut wird ihm das Willkommen in dieser Welt vermittelt – und religiös die einzigartige, individuelle Berufung durch Gott zum diesseitigen und zum jenseitigen Heil. Über die Haut wird Vertrauen gestiftet und Frieden – und dadurch auch Gottvertrauen, Glauben und Hoffen geweckt."[13]

Berührungen im Zweiten Testament

Für den heiligen Franziskus war Weihnachten das „Fest aller Feste". Er bewunderte den großen Gott, der sich klein macht und Mensch wird. Der Himmel kommt auf die Erde: Der Ferne wird nahbar, der Unsichtbare macht sich sichtbar, der Unberührbare macht sich berührbar. „Seht die Demut Gottes", seht den, der sich in seiner *humilitas* (lat. für Demut) inkarniert, der sich „einfleischt" in diese Welt und Zeit. Seht den, der seine Gottheit nicht für sich behält, sondern sich entäußert, wie ein Sklave wird und uns Menschen gleich. „Sein Leben war das eines Menschen. Er erniedrigte sich und war gehorsam bis zum Tod, bis zum Tod am Kreuz." So besingt es der Philipperhymnus (Phil 2,6–11). Der unsterbliche Gott wird ein sterblicher Mensch. Durch die Fleischwerdung seines Sohnes hat sich Gott berührbar gemacht. Er hat die Kluft zwischen ihm und den Menschen überwunden und wurde (an)fassbar in Jesus Christus. Gott nimmt das Geschick aller Menschen an, unsere Begrenztheit und Zerbrechlichkeit. Dazu zählt unsere „Nativität" (Hanna Arendt), d. h. unsere „Geburtlichkeit", ebenso wie unsere Sterblichkeit und zwischen diesen Polen unsere Gebrechlichkeit und Verwundbarkeit, die uns bewusst machen, dass wir fehlbare und erlösungsbedürftige Wesen sind. In Jesus Christus wird das Antlitz des Vaters sichtbar.

Inkarnation – Gott wird berührbar

Franziskanische Theologen wie Johannes Duns Scotus sprechen davon, dass es schon immer Gottes Wunsch war, bei uns Menschen zu sein. Gott wird nicht deshalb Mensch, weil wir so schlecht sind, weil wir uns von ihm abgewandt haben – theologisch gesprochen aufgrund des Sündenfalls –, sondern er wird Mensch, weil er uns als Gegenüber liebt, weil er uns als seinen Ebenbildern auf Augenhöhe begegnen möchte, weil er uns ins Gesicht schauen möchte. Deshalb wird Gott ein Mensch aus Fleisch und Blut, deshalb kommt er im Kind von Betlehem zur Welt. Dies feiern wir an Weihnachten als Fest der Zärtlichkeit Gottes. Für Papst Franziskus offenbart die Krippe Gottes Zärtlichkeit. „Durch die Geburt in der Krippe beginnt Gott selbst die einzige wahre Revolution, die den Enterbten und Ausgeschlossenen Hoffnung und Würde verleiht: die Revolution der Liebe, die Revolution der Zärtlichkeit. Von der Krippe aus verkündet Jesus mit sanfter Macht den Aufruf zum Teilen mit den Geringsten als dem Weg zu einer menschlicheren und solidarischeren Welt, in der niemand ausgeschlossen und an den Rand gedrängt wird" (AS 6).

Franz von Assisi hat das 1223 in seiner Krippenfeier in der Einsiedelei von Greccio anschaulich werden lassen. Sie zielte auf ein inneres Berührtwerden der Mitfeiernden. Über dem Altar der Einsiedelei befindet sich ein Bild der „Madonna lactans": Maria stillt das Jesuskind. Eine Berührung, die von Zärtlichkeit zeugt, die im wahrsten Sinne des Wortes etwas Nährendes hat.

Heilsam nah: Die Berührungskraft Jesu

Jesu Ziel war es, das Reich Gottes, Gottes neue Welt sichtbar werden zu lassen. Immer geht es um ein „Leben in Fülle". Diese Fülle wird zeichenhaft sichtbar durch die Brotvermehrung (vgl. Joh 6,1–15), durch die Verwandlung von Wasser in Wein bei der Hochzeit zu Kana (vgl. Joh 2,1–12), durch den Ertrag der Ernte (vgl. Mk 4,1–9) und in vielen weiteren Gleichnissen. Das „Gesetz des Überflusses" (Joseph Ratzinger) spiegelt Gottes überströmende Fülle, sein überströmendes Leben für uns Menschen.

Jesus hat sich innerlich berühren und anrühren lassen. Da er auch ganz Mensch war, berichten die Evangelisten von verschiedensten Gefühlsregungen Jesu. Am heftigsten entfachen sich sein Zorn und seine Wut bei der sogenannten Tempelreinigung, als er die Händler aus dem Heiligtum vertreibt, das ein Haus des Gebetes und keine Markthalle sein soll (vgl. Mk 11,15–19; Mt 21,12–17; Lk 19,45–48). Erzürnt ist er über die Gesinnung der Pharisäer, die er mit scharfen Worten in den Weherufen tadelt (z. B. Mt 23,33). Traurig ist er über ihr verstocktes Herz. Erschüttert ist er über die Enthauptung Johannes' des Täufers (vgl. Mk 6,17–29; Joh 14,13), über den

Tod seines Freundes Lazarus (vgl. Joh 14,13) und beim Anblick der Stadt Jerusalem (Lk 19,16). Vor seinem Tod verspürt er eine starke Ängstlichkeit und ist zutiefst enttäuscht über seine Jünger, die er dreimal schlafend antrifft (vgl. Mt 26,36–46).

Ein wesentliches Kennzeichen der neuen Welt Gottes war die Erfahrung göttlichen Schaloms, war die Erfahrung von Heilung und Heilsein in Jesu Gegenwart. Jesus praktizierte eine Wort- und Tatverkündigung. Die Menschenfreundlichkeit Gottes sollte von den Leuten nicht nur gehört, sondern leibhaftig erfahren werden. Heilung bedeutet hier vor allem ein Wiederherstellen der Funktionsfähigkeit der Sinne. Jesus ermöglicht den Kranken, wieder zu sehen, zu hören, zu sprechen, zu gehen und durch die Genesung der Haut wieder gesellschaftsfähig zu werden und an der Liturgie der Gemeinde teilnehmen zu können. Mit der vordergründigen körperlichen Heilung verbunden ist die hintergründige spirituelle Ebene. Jesus stellt für die Kranken nicht nur die menschliche Beziehungsebene wieder her, sondern auch die zu Gott. Daher der häufige – zunächst unverständliche – Satz: „Deine Sünden sind dir vergeben." Deine (Selbst)Entfremdung ist behoben, der Graben zwischen dir und anderen, zwischen dir und Gott ist überwunden, deine Fesseln sind gelöst. Dir ist eine neue Freiheit geschenkt. Du bist wieder in Beziehung zu dir selbst, zu deinen Mitmenschen und zu Gott.

Die Heilungshandlungen Jesu

Dies erfuhren besonders die Menschen am Rand der Gesellschaft, denen sich Jesus zuwandte. Sein annehmender und bejahender Blick galt den Zöllnern und Sündern, den

Armen und Tagelöhnern, den Kranken und Menschen mit Behinderung, den Witwen und Waisen, den Menschen verschiedener Kulturen und Religionen. Er speist mit ihnen und pflegt Gemeinschaft. Dass er dabei ein Lernender ist, verdeutlicht die Begegnung mit der kanaanäischen Frau. Weiß sich Jesus laut dem Evangelisten Matthäus zunächst nur zu den verlorenen Schafen des Hauses Israels gesandt, so weitet sich sein Selbstverständnis durch die Intervention dieser nicht-jüdischen Frau (vgl. Mt 15,21–28; der Evangelist Markus erzählt dieselbe Begegnung mit einer syrophönizischen Frau – Mk 7,24–30).

Insbesondere die Heilungsgeschichten Jesu verdeutlichen die Bedeutung von Berührung. Der Evangelist Lukas beschreibt es zusammenfassend so: „Alle Leute versuchten, Jesus zu berühren; denn es ging eine Kraft von ihm aus, die alle heilte" (Lk 6,19). Der Evangelist Markus war zeitlich der Erste, der die Taten Jesu festgehalten hat. Bereits im ersten Kapitel wird deutlich, dass die Wort- und Tatverkündigung Jesu zahlreiche Krankenheilungen beinhaltet. Das Reich Gottes wird exemplarisch sichtbar im heilenden Handeln Jesu. Dies zeigt sich bereits bei der ersten Predigt in der Synagoge von Kafarnaum. Jesus lehrt dort wie einer, der (göttliche) Vollmacht hat, und er heilt in der Synagoge einen Mann von einem unreinen Geist (vgl. Mk 1,21–28). Das Heilungsgeschehen setzt sich unmittelbar nach dem Synagogenbesuch im Haus der Schwiegermutter des Petrus fort. Diese liegt mit Fieber im Bett. Jesus geht zu ihr, fasst sie an der Hand und richtet sie auf. „Da wich das Fieber von ihr, und sie diente ihnen" (Mk 1,31; vgl. Mt 8,15). Am Abend bringen die Bewohner alle Kranken und Besessenen zu Jesus „und er heilte viele, die an allen möglichen Krankheiten litten, und trieb viele Dämonen aus" (Mk 1,34). Markus schließt noch zwei weitere Krankenheilungen an. Zunächst ist es ein Aussätziger, der vor Jesus auf die Knie fällt und ihn darum bittet, rein zu werden. „Jesus hatte Mitleid mit ihm; er streckte die Hände aus, berührte ihn und sagte: Ich will – werde rein! Sogleich verschwand der Aussatz und der Mann war rein" (Mk 1,41–42; vgl. Mt 8,3 und Lk 5,13). Zurück in Kafarnaum, bringen vier Männer einen Gelähmten, den sie auf einer Tragbahre durch das Dach vor Jesus herablassen. Auf das Wort Jesu hin steht der Gelähmte auf, nimmt seine Tragbahre und geht vor aller Augen weg (vgl. Mk 2,1–12).

Heilung durch Berührung

Im Markus-Evangelium finden sich weitere Begegnungen Jesu mit Menschen, bei denen Berührung eine wesentliche Rolle spielt. Der Wunsch nach Berührung geht dabei von den Menschen aus, die sich Heilung für ihre Kranken erhoffen. Dies ist beispielsweise am See von Galiläa mitten im Gebiet der Dekapolis (= Zwölfstädte) der Fall. Jesus kommt ihrem Wunsch nach, nimmt den betroffenen Taubstummen beiseite, legt ihm die Finger in die Ohren, berührt die Zunge des Mannes mit Speichel und bittet „Effata!, das heißt: Öffne dich!" Sogleich öffnen sich seine Ohren, die Zunge wird von ihrer Fessel befreit, und er kann richtig reden (vgl. Mk 7,31–37). Da der Mann nichts hört, hat er nicht sprechen gelernt. Jesus agiert mit einer Doppelberührung der betroffenen Sinne. Er berührt die Ohren durch das Hineinlegen seiner Finger und er berührt die Zunge mit Speichel. Eine ähnlich intensive Begegnung finden wir im darauffolgenden Kapitel. In Betsaida bringen die Leute einen Blinden zu Jesus und bitten ihn, ihn zu heilen. Jesus nimmt ihn bei der Hand, führt ihn vor das Dorf hinaus, bestreicht seine Augen mit Speichel und legt ihm die Hände auf. Da der Mann zunächst nur undeutlich und schemenhaft sieht, legt ihm Jesus noch einmal die Hände auf die Augen. Nun sieht der Mann klar und deutlich und kann alles ganz genau sehen (vgl. Mk 8,22–26). Markus erzählt auch hier von verschiedenen Arten der Berührung: das Führen an der Hand, das Bestreichen der Augen mit Speichel und das Auflegen der Hände. Für den Blinden eine äußerst intensive leibliche Erfahrung. Speichel galt in der Antike als Heilmittel mit exorzistischem Effekt. Weitere Blindenheilungen durch Jesus werden im Matthäusevangelium berichtet: „Darauf berührte er ihre Augen und sagte: Wie ihr geglaubt habt, so soll euch geschehen" (Mt 9,29). Ebenso mit dem Gestus der Berührung: „Da hatte Jesus Mitleid mit ihnen und berührte ihre Augen. Im gleichen Augenblick konnten sie sehen und sie folgten ihm nach" (Mt 20,34).

Markus berichtet auch von Heilungen, die allein aufgrund des vollmächtigen Wortes Jesu geschehen. Dies ist bei dem Gelähmten ebenso der Fall (vgl. Mk 2,1–12) wie bei dem Mann mit der verdorrten Hand (vgl. Mk 3,1–6) und dem blinden Bettler Bartimäus (vgl. Mk 10,46–52). Der Andrang des Volkes ist weniger die Folge seiner Verkündigung als seiner Taten. „Denn er heilte viele, so dass alle, die ein Leiden hatten, sich an ihn herandrängten, um ihn zu berühren" (Mk 3,10). Zusammenfassend hält der Evangelist Markus fest: „Und immer, wenn er [Jesus] in ein Dorf oder eine Stadt oder zu einem Gehöft kam, trug man die Kranken auf die Straße hinaus und bat ihn, er möge sie wenigstens den Saum seines Gewandes berühren lassen. Und alle, die ihn berührten, wurden geheilt" (Mk 6,56). Die Menschen sind fasziniert und stellen staunend fest: „Er hat alles gut gemacht" (Mk 7,37). Da klingt die Schöpfungserzählung an, wenn Gott von seinem Geschaffenen sagt: „Siehe, es war sehr gut" (Gen 1,31). Zugleich schwingt die Sehnsucht mit, es möge auch heute so sein. Übereinstimmend erzählt daher der Evangelist Matthäus: „Man brachte alle Kranken zu ihm und bat ihn, er möge sie wenigstens den Saum seines Gewandes berühren lassen. Und alle, die ihn berührten, wurden geheilt" (Mt 14,35–36).

Die Berührungskraft Jesu

Besonders eindrucksvoll ist die Erzählung von der Frau, die seit zwölf Jahren an Blutfluss litt. „Sie war von vielen Ärzten behandelt worden und hatte dabei sehr zu leiden; ihr ganzes Vermögen hatte sie ausgegeben, aber es hatte ihr nichts genutzt, sondern ihr Zustand war immer schlimmer geworden. Sie hatte von Jesus gehört. Nun drängte sie sich in der Menge von hinten heran und berührte sein Gewand. Denn sie sagte sich: Wenn ich auch nur sein Gewand berühre, werde ich geheilt. Und sofort versiegte die Quelle des Blutes und sie spürte in ihrem Leib, dass sie von ihrem Leiden geheilt war. Im selben Augenblick fühlte Jesus, dass eine Kraft von ihm ausströmte, und er wandte sich in dem Gedränge um und fragte: Wer hat mein Gewand berührt? Seine Jünger sagten zu ihm: Du siehst doch, wie sich die Leute um dich drängen, und da fragst du: Wer hat mich berührt? Er blickte umher, um zu sehen, wer es getan hatte. Da kam die Frau, zitternd vor Furcht, weil sie wusste, was mit ihr geschehen war; sie fiel vor ihm nieder und sagte ihm die ganze Wahrheit. Er aber sagte zu ihr: Meine Tochter, dein Glaube hat dich gerettet. Geh in Frieden! Du sollst von deinem Leiden geheilt sein" (Mk 5,26–34; vgl. Mt 9,20).

Die Geschichte ist eingebettet in die Erzählung des Synagogenvorstehers Jairus. Seine Tochter liegt im Sterben, und er fleht Jesus an, mit ihm zu kommen und ihr die Hände aufzulegen, damit sie geheilt wird und am Leben bleibt. Jesus gewährt ihm die Bitte und begibt sich zu dem Mädchen, das mittlerweile verstorben ist. Zu den Klagenden sagt er: „Warum schreit und weint ihr? Das Kind ist nicht gestorben, es schläft nur" (Mk 5,39). Da sie ihn verlachen, wirft er alle Anwesenden bis auf die Eltern und seine Jünger hinaus. „Er fasste das Kind an der Hand und sagte zu ihm: Talita kum!, das heißt übersetzt: Mädchen, ich sage dir, steh auf! Sofort stand das Mädchen auf und ging umher. Es war zwölf Jahre alt. Die Leute waren ganz fassungslos vor Entsetzen" (Mk 5,41–42).

Auch Lukas – der möglicherweise Arzt war und sich daher im medizinischen Bereich gut auskannte – hat diese Doppelerzählung in sein Evangelium aufgenommen (vgl. Lk 8,40–56). Er vermerkt, dass der Blutfluss im gleichen Augenblick zum Stillstand kommt, indem die Frau von hinten an Jesus herantritt und den Saum seines Gewandes berührt (vgl. Lk 8,44). Hier stellt Jesus nicht nur die Frage: „Wer hat mich berührt?" (Lk 8,45), sondern begründet sie auch direkt selbst: „Es hat mich jemand berührt; denn ich fühlte, wie eine Kraft von mir ausströmte" (Lk 8,46). Bei Lukas erzählt die Frau nicht nur Jesus die ganze Wahrheit, sondern „dem ganzen Volk, warum sie ihn berührt hatte und wie sie sofort geheilt worden war" (Lk 8,47).

Jesus lässt sich berühren

Lukas berichtet zudem von einem besonders intimen Moment intensiver Berührung. Als Jesus bei einem Pharisäer zu Tisch liegt, nähert sich eine Frau mit einem Alabastergefäß voll wohlriechenden Öls und tritt von hinten an ihn heran. Sie benetzt seine Füße mit Tränen, trocknet sie mit den Haaren ihres Hauptes, küsst sie und salbt sie mit dem Öl. „Als der Pharisäer, der ihn eingeladen hatte, das sah, sagte er zu sich selbst: Wenn dieser wirklich ein Prophet wäre, müsste er wissen, was das für eine Frau ist, die ihn berührt: dass sie eine Sünderin ist" (Lk 7,39). Die Reaktion Jesu auf diese Gedanken: „Ihr sind ihre Sünden vergeben, weil sie viel geliebt hat. Wem aber nur wenig vergeben wird, der liebt wenig" (Lk 7,47).

Der Evangelist Markus berichtet eine ähnliche Szene, die sich in Betanien im Haus Simons des Aussätzigen zuträgt. Auch hier kommt eine Frau mit einem Alabastergefäß voll echtem, kostbarem Nardenöl, zerbricht es und gießt das Öl über das Haupt Jesu. Hier lautet seine Zustimmung: „Sie hat ein gutes Werk an mir getan. Denn die Armen habt ihr immer bei euch und ihr könnt ihnen Gutes tun, sooft ihr wollt; mich aber habt ihr nicht immer. Sie hat getan, was sie konnte. Sie hat im Voraus meinen Leib für das Begräbnis gesalbt" (Mk 14,6–8).

In einigen Fällen sind die Krankenheilungen Teil der Auseinandersetzung um die rechte Auslegung des Gesetzes, beispielsweise des Sabbatgebotes. So wendet sich Jesus an die Gesetzeslehrer und die Pharisäer und fragt sie: „Ist es am Sabbat erlaubt zu heilen, oder nicht?" Auf ihr Schweigen hin berührt er einen wassersüchtigen Mann und heilt ihn (vgl. Lk 14,4). Selbst bei seiner Verhaftung im Garten Getsemani heilt Jesus durch Berührung. Als einer seiner Begleiter mit einem Schwert das rechte Ohr des Dieners des Hohenpriesters abschlägt, schreitet Jesus sofort ein: „Lasst es! Nicht weiter! Und er berührte das Ohr und heilte den Mann" (Lk 22,51).

Jesus erbarmt sich nicht nur äußerlich der Kranken, er lässt sich auch innerlich berühren und hat Mitleid mit den Trauernden. Als in der Stadt Nain der verstorbene einzige Sohn einer Witwe herausgetragen wird, sagt er zu ihr: „Weine nicht! Und er trat heran und berührte die Bahre. Die Träger blieben stehen und er sagte: Jüngling, ich sage dir: Steh auf! Da setzte sich der Tote auf und begann zu sprechen und Jesus gab ihn seiner Mutter zurück" (Lk 7,13–15).

Der verwundete Heiler und Diener der Menschen

Jesus wird oft als verwundeter Heiler charakterisiert, als einer, der heilen kann aus eigener Betroffenheit; der sich hat betreffen und berühren lassen, der Schmerz und Leid zugelassen und in sich eingelassen hat. Was nicht angenommen wird, kann nicht geheilt werden, wusste schon der Kirchenvater Irenäus von Lyon. Später wird Jesus als „Apotheker" dargestellt, der das heilende Medikament zu reichen weiß. Heilungen und Wunder erfordern allerdings eine prinzipielle Offenheit für das Geschehen. Da, wo Jesus abgelehnt wird – in seiner Heimatstadt Nazaret –, da kann er kein Wunder tun. „Nur einigen Kranken legte er die Hände auf und heilte sie" (Mk 6,5). In dieser Nebenbemerkung erfahren wir, dass die Krankenheilungen bei Jesus mit Handauflegungen verbunden waren.

Jesus stellt Gott als menschenfreundlichen Vater dar, der sich über jeden freut, der umkehrt. Das eindrucksvollste Zeichen gibt er den Seinen während des Abschiedsmahles: Er wäscht ihnen die Füße. Indem er den Sklavendienst der Fußwaschung selbst übernimmt, gibt er ihnen ein lebendiges Vorbild, was es heißt, in seiner Nachfolge zu stehen. Als Jesus „ihnen die Füße gewaschen, sein Gewand wieder angelegt und Platz genommen hatte, sagte er zu ihnen: Begreift ihr, was ich an euch getan habe? Ihr sagt zu mir Meister und Herr und ihr nennt mich mit Recht so; denn ich bin es. Wenn nun ich, der Herr und Meister, euch die Füße gewaschen habe, dann müsst auch ihr einander die Füße waschen. Ich habe euch ein Beispiel gegeben, damit auch ihr so handelt, wie ich an euch gehandelt habe" (Joh 13,13–15).

Laut Johannes-Evangelium gab es eine besondere Beziehung Jesu zu seinem Lieblingsjünger. Diese ist künstlerisch umgesetzt in der Skulptur „Johannesminne" in Heiligkreuztal. Johannes lehnt neben ihm sitzend an der Brust Jesu, der seine linke Hand auf die linke Schulter des Lieblingsjüngers gelegt hat. Die rechte Hand hält die rechte Hand von Johannes – ein Bild der freundschaftlichen und innigen Verbundenheit. Eine ähnliche Darstellung ist die von Christus und dem heiligen Abt Menas auf einer koptischen Ikone aus dem Kloster Bawit (Ägypten) vom Ende des 6. / Anfang des 7. Jahrhunderts. Hier stehen die beiden Personen nebeneinander und Jesus legt seine rechte Hand auf die Schulter des rechts neben ihm stehenden Abtes.

Ambivalenz des Auferstandenen

Interessant sind die scheinbar widersprüchlichen Interventionen Jesu nach seiner Auferstehung. Im Lukasevangelium fordert Jesus seine verunsicherten Jünger zum handfesten Kontakt auf: „Seht meine Hände und meine Füße an: Ich bin es selbst. Fasst mich doch an und begreift: Kein Geist hat Fleisch und Knochen, wie ihr es bei mir seht" (Lk 24,39). Ähnlich lädt er den Apostel Thomas ein: „Streck deinen Finger hierher aus und sieh meine Hände! Streck deine Hand aus und leg sie in meine Seite und sei nicht ungläubig, sondern gläubig!" (Joh 20,27). Vor Augen steht mir das Bild von Caravaggio (1571–1610), auf dem Thomas entgegen dem biblischen Wortlaut seinen Finger sehr ein-dringlich in die Fleischwunde des auferstandenen Christus zu bohren scheint. Unmittelbar zuvor bekommt Maria von Magdala vom Auferstandenen jedoch die gegenteilige Mahnung: „Halte mich nicht fest; denn ich bin noch nicht zum Vater hinaufgegangen. Geh aber zu meinen Brüdern und sag ihnen: Ich gehe hinauf zu meinem Vater und eurem Vater, zu meinem Gott und eurem Gott" (Joh 20,17). Der eine muss lernen, festzuhalten, die andere muss lernen loszulassen. Zum Ausdruck kommt dies in der Skulptur „Wiedersehen" (1926) von Ernst Barlach, die Jesus und Thomas in einem Umarmungsgestus zeigen. Thomas braucht das direkte Er-leben, um leben und glauben zu können.

Auch die Emmausjünger erkennen Jesus erst, als er ihnen das Brot bricht. Doch im Erkennen entschwindet er. „Brannte uns nicht unser Herz in uns, als er unterwegs mit uns redete und uns den Sinn der Schriften erschloss?" (Lk 24,32). Erst im Nachhinein wird den Jüngern bewusst, in welcher Weise sie berührt worden sind. Ähnlich ambivalent zwischen fassbar und unfassbar ist das Erscheinen Jesu bei den Jüngern in Jerusalem: Obwohl die Türen jeweils verschlossen sind, ist er plötzlich in ihrer

Mitte (vgl. Joh 20,19.26). Im Epilog des Johannesevangeliums erkennen die Jünger den Auferstandenen ebenfalls nicht, nur der Lieblingsjünger. Durch das Anreichen von Brot und Fisch knüpft er an Vertrautes an und stellt wieder Beziehung her (vgl. Joh 21,1–14).

Bei der Wiederbegegnung Jesu mit seinen Jüngern haucht er sie an. Dieser Anhauch erscheint wie eine erneute Schöpfungsgeschichte. Durch den Atem Gottes kommt es zu einer Wiederbelebung. Die erstarrten, „toten" Jünger werden wieder lebendig. Das österliche Geschehen steht als Bild für die Momente im Leben, in denen aus Verschlossenheit wieder Öffnung wird, in denen in Abschottung wieder Aufbruch geschieht, Mauern durchbrochen und Barrieren beseitigt werden. Auferstehung ist möglich, wo aus Angst und Enge wieder Weite und Lebendigkeit werden. Etwas von diesem Aufbrechenden und Lösenden wird in dem Lied „Alle Knospen springen auf" von Wilhelm Willms deutlich, wenn es heißt: „Knospen blühen, Nächte glühen … Menschen teilen, Wunden heilen … Stumme grüßen, Mauern fließen …" Neues Leben erblüht, wo Vertrauen wächst, wo Nähe und Berührung wieder zugelassen werden – innerlich und äußerlich: *dies* durch die Kraft des Geistes Gottes. An Pfingsten gelingt es Petrus, dies in seiner Predigt so berührend darzustellen, dass es heißt: „Da traf es sie mitten ins Herz" (Apg 2,37).

Wenn mir etwas aufgeht, sich mir etwas eröffnet, sich mir etwas erschließt, dann hat das eine befreiende Wirkung, denn es öffnen sich Türen, zeigen sich Perspektiven und neue Wege. Meist braucht es dazu andere Menschen, denn: „Das Wort, das dir hilft, kannst du dir nicht selber sagen" (afrikanisches Sprichwort). Trost und Ermutigung werden mir von einem wohlmeinenden Gegenüber zugesprochen oder durch liebevolle Gesten vermittelt. Da bin ich auf andere angewiesen. Ich kann mich nur schwer selber umarmen. Ich kann mich nicht selber anlächeln, außer im Spiegel. Die Bitte um Beistand, Erkenntnis, Trost und Befreiung kann ich auch an Gott richten. „Sprich du das Wort, das tröstet und befreit und das mich führt in deinen großen Frieden", bittet der niederländische Theologe und Poet Huub Oosterhuis in seinem bekannten Lied „Ich steh vor dir mit leeren Händen, Herr" (Gotteslob Nr. 422).

Höchst ambivalent: Der Kuss

Das biblische Hohelied beschreibt besonders intensive Varianten der Berührung in Form des Kusses als Zeichen von Liebe, Lust und Leidenschaft. Küsse sind Ausdruck von Beziehung und Verbundenheit, von erotischem Begehren und dem Wunsch nach körperlicher Nähe. Sie stehen als Friedenskuss für Versöhnung und Gemeinschaft ebenso wie für Verrat, wenn wir an den Judaskuss denken. Der Bruderkuss war und ist Zeichen ideologischer gleicher Gesinnung. In ihm schwingt stets die Anfrage nach der Ehrlichkeit mit. Küsse sind Zeichen des Willkommens und des Abschieds.

In den Evangelien finden wir zwei höchst unterschiedliche Varianten von Küssen, mit denen andere an Jesus herangetreten sind: Den Kuss der namenlosen Sünderin (vgl. Lk 7,36–49) und den Kuss des Verräters Judas (vgl. Lk 22,47–48).

Der Kuss der Sünderin – ein Kuss des Vertrauens. Ein Kuss des Glaubens. Ein Kuss der Hoffnung auf Vergebung und neues Leben. Der Kuss des Judas – ein Kuss als Erkennungszeichen. Ein Kuss des Verrats, ein Kuss enttäuschter Hoffnung. Zwei Küsse im Leben Jesu, die die ganze Ambivalenz von Beziehungen zum Ausdruck bringen. Im Lied „Der Kuss" der Band „Die Toten Hosen" stellen sie fest: „All denen, die uns am nächsten steh'n, tun wir am liebsten weh. Und die Frage, warum das so ist, bleibt unser Leben lang steh'n. Wir leben versteckt, wischen all unsere Spuren weg. Vor den anderen und vor uns selbst. Damit kein Mensch jemals sieht, wer wir in Wahrheit sind ..." Es ist eine bittere Erkenntnis: Wir trauen uns oft nicht, unsere eigene Wahrheit anzuschauen. Um diese Wahrheit zu wissen, schmerzt besonders, wo keine Barmherzigkeit zu erhoffen ist. Doch die Sehnsucht ist, dass ein Tag kommt, an dem die Reue in einen ehrlichen Kuss mündet, der die Lügen auslöscht, und sei es wenigstens am Ende des Lebens. Jesus weiß um die Geschichte hinter dem Kuss. Die Sünderin hat gespürt: Ihre liebende Hingabe spricht bereits von Umkehr und Neuanfang, und die barmherzige Antwort darauf ist Gottes unbedingte Liebe. Der Kuss wird zum Zeichen der Befreiung und der Erlösung. „Die Toten Hosen" fragen sich: „Wo ist der Ort für den ehrlichsten Kuss ... Wann ist die Zeit für einen ehrlichen Kuss, der all unsere Lügen auslöschen muss ..."? Ein solch ehrlicher Kuss kann nur Geschenk sein. Für uns Christen steht das Kreuz Jesu als Symbol für den erlösenden Kuss Gottes. Als in uns selbst verkrümmte Wesen werden wir „freigeküsst" auf dem Hügel von Golgotha. Wir werden herausgeholt aus unserer Verknotung. Dieser geschenkte Kuss ist umsonst und bedingungslos. Er lässt uns auferstehen aus Schuld, heilt unsere verwundeten Herzen und schenkt uns neue Freiheit. „Es wird ein Kuss sein, der alles verzeiht. Der alles vergibt und uns beide befreit."

Einen solch vergebenden und befreienden Kuss stellt uns Jesus im Gleichnis vom Barmherzigen Vater vor Augen (vgl. Lk 15,11–32). Der Vater küsst seinen verlorenen Sohn, der reumütig und zerknirscht heimkehrt. „Der Vater sah ihn schon von Weitem kommen und er hatte Mitleid mit ihm. Er lief dem Sohn entgegen, fiel ihm um den Hals und küsste ihn" (Lk 15,20). Auch hier ist vom Mitleid die Rede, das die Handlung des Küssens und des Umarmens auslöst.

In der Liturgie der Eucharistie kommen mehrere Küsse vor, die der Priester (auch stellvertretend für die Gemeinde) vollzieht: Zu Beginn und am Ende der Feier küsst er den Altar und nach der Verlesung des Evangeliums das Evangeliar als Zeichen der Verehrung Christi.

3 Nackt dem nackten Christus folgen – Die franziskanische Perspektive

Es begann mit einem Kuss: Franziskus und der Aussätzige

„Es begann mit einem Kuss" lautet der Titel einer der 37 Stationen des Franziskus-Besinnungswegs in Hainsacker. Der Begriff „wachgeküsst" kann in der Welt der Märchen durchaus in mehrfacher Deutung verstanden werden, nicht nur als das Erwachen aus dem Schlaf, sondern ebenso als das Erwachen aus fehlgeleiteten Vorstellungen. Auch Franziskus wurde „wachgeküsst" aus seiner bisherigen Vorstellungswelt. Die Begegnung mit dem Aussätzigen als zentrales Element seiner Berufungsgeschichte ist in den Biografien immer wieder hervorgehoben und hinreichend geschildert worden.

Es sei daher im Kontext des Akzentes *Berührung* vor allem auf die leibliche Dimension dieser Begegnung verwiesen. „Und da ich fortging von ihnen [den Aussätzigen], wurde mir das, was mir bitter vorkam, in Süßigkeit der Seele und des Leibes verwandelt" (Test 3, FQ 59). Franziskus hält am Ende seines Lebens in seinem Testament fest, was ihm an äußerer und innerer Bewegung lebendig in Erinnerung ist. Durch die unmittelbare Berührung mit dem Aussätzigen setzt ein Prozess der Veränderung ein. Das Abstrakte wird konkret, das Allgemeine spezifisch. Die Gruppe der Ausgesetzten bekommt ein konkretes Gesicht und ermöglicht Franziskus eine Erfahrung, die er sich nicht gesucht und die er sich lieber erspart hätte. Das Verwundete und Verletzte kommt ihm so nah, dass es ihn nicht nur berührt, sondern ihm unter die Haut geht. Es überschreitet seine Grenzen, es dringt in seinen Schutzraum ein und spiegelt ihm so seine eigene Verletzlichkeit und Verwundbarkeit. Im Kontakt mit Aussätzigen ist es ja gerade die Haut, unser größtes Berührungsorgan, dessen Berührung zu vermeiden ist. Aussatz ist die einzige Krankheit, die nach ihren gesellschaftlichen Folgen benannt ist: ausgesetzt, ausgegrenzt zu werden. Wenn sich Aussatz zeigte, wurde eine Totenmesse für die Aussätzigen gelesen und dann hatten sie die Stadt zu verlassen. Sie waren aufgrund der Ansteckungsgefahr lebendige Tote. Mit Klappern hatten sie vor jedem zu nahen Kontakt und jeder Berührung zu warnen.

Die Begegnung mit dem Aussätzigen ist für Franziskus identisch mit der Begegnung mit Christus. Ihm war es daher wichtig, dass die jungen Männer, die seiner Bruderschaft beitraten, zunächst eine Zeit mit den Aussätzigen verbrachten. Es war ein Praxistest für den Weg der Christusnachfolge im Dienst an den Armen und Ausgegrenzten, eine radikale Solidarität mit denen, die sich nicht über Besitz definieren können, die nichts mehr haben als nur noch sich selbst. Es ist eine körperliche Parteinahme, ihre Not und ihre Lebensumstände zu teilen. Am Ende seines Lebens verspürt Franziskus den Drang, zu den Anfängen zurückzukehren, und wünscht, sich wieder der Pflege der Aussätzigen widmen zu können.

Nackt dem nackten Christus folgen: Franziskus und Christus

Mit „Nackt dem nackten Christus folgen" ist eine weitere Station des Franziskus-Besinnungsweges in Hainsacker überschrieben. Dieses Motiv scheint vor allem am Ende des Lebens in der Sterbestunde des kleinen Armen aus Assisi auf, als sich Franziskus nackt auf den nackten Boden legen lässt: „Nackt dem nackten Christus folgen." Das Wort des Kirchenvaters Hieronymus verweist auf die Armut Jesu und seinen Tod am Kreuz. Bei Franziskus wird die Umsetzung sichtbar, als er sich seiner Kleider entblößt, nackt vor seinen leiblichen Vater tritt, ihm die Kleider zurückgibt als Zeichen dafür, dass er auf sein Erbe verzichtet, und bekennt, dass von nun an nur noch der Vater im Himmel der seinige sei (vgl. 1 C 15, FQ 208; 2 C 12, FQ 306f; LM 4,1–8, FQ 708–712).

Bis heute wissen wir: „Kleider machen Leute". Kleidung steht einerseits für Schutz und Sicherheit, andererseits (besonders im Mittelalter) als zentraler Faktor für Identität. An der Kleidung lässt sich der Status der Person ablesen. Der symbolische Akt der freiwilligen Entkleidung ist für Franziskus ein Akt der Befreiung. Er schafft Unabhängigkeit und Weite. Er ermöglicht ihm, den Auftrag Jesu an seine Jünger umzusetzen, in seiner Nachfolge keinen Geldbeutel, keine Vorratstasche und keine Schuhe mitzunehmen (vgl. Lk 10,4; Mt 10,10). Es geht nicht nur darum, mit leichtem Gepäck unterwegs zu sein, sondern auch darum, sich berührbar zu machen für das, was einem begegnet. Noch kurz zuvor wollte Franziskus Ritter werden, dessen Kennzeichen der Schutzpanzer und die Rüstung sind. Für den sozialen Aufstieg braucht es diese Panzerung. Jetzt für den gesellschaftlichen Abstieg zeichnet er das genaue Gegenbild. Franziskus legt alle Schutzschichten ab und macht sich verletzbar. Er steigt nicht von einem Statussymbol auf ein anderes um, indem er sich statt in ein Kaufmannsgewand in ein angesehenes Mönchsgewand kleidet, sondern entscheidet sich zunächst für ein schlichtes Eremitengewand, später gar für ein „asoziales" Lumpengewand. Aus der Identität des reichen Kaufmannssohns wird der besitzlose Habenichts, der sich als nackter Narr Gottes Schmerz und Leiden aussetzt. Zugleich aber kann er als äußerst sensibler und feinfühliger Mensch die Schönheit der Schöpfung ganz anders wahrnehmen. Sein neuer Weg führt in eine andere Form von Lebendigkeit, von Lebensfreude und Genuss. Franziskus fordert einen klugen Umgang mit „Bruder Leib", wie er seinen Körper nennt: „Ein Knecht Gottes muss seinen Leib im Essen, Schlafen und anderen Bedürfnissen mit Klugheit zufrieden stellen, damit Bruder Leib nicht murren kann, indem er sagt: Ich kann weder aufrecht stehen noch in meinen Bedrängnissen frohlocken und andere gute Werke vollbringen, weil du mich nicht zufrieden stellst" (Per 120,7, FQ 1205). Da Franziskus dies für sich aber selbst nicht einlöst und mit seinem „Bruder Leib" allzu asketisch umgeht, stellen sich verschiedenste Krankheiten ein, die seinen Aktionsradius beeinträchtigen.

„Nackt dem nackten Christus folgen." Zu der Charakterisierung, dass Franziskus zu einem zweiten Christus wurde, mag die Tatsache beigetragen haben, dass gegen Ende seines Lebens die Wundmale Christi an seinem Leib sichtbar wurden. Im September 1224 hatte er auf dem Berg La Verna ein Erlebnis mit einem Seraph, das ihn als Verwundeten zurückließ. Es zeigten sich die Stigmata Christi an seinen Händen, seinen Füßen und an seiner Seite.

Franziskus war ein Meister der Inszenierung. Wie er bereits seine Enterbung in Szene gesetzt hatte, so inszeniert er selbst sein Sterben. Beim sogenannten Transitus gedenken die Schwestern und Brüder der Franziskanischen Familie am Vorabend des Franziskusfestes, am 3. Oktober, des Sterberituals, das Franziskus vollzogen hat. Er lässt sich nackt auf den nackten Boden legen, hält eine Ansprache über Geduld und Armut, legt jedem anwesenden Bruder zum Segen die Hände auf, teilt ganz jesuanisch mit ihnen Brot und lässt das Evangelium von der Fußwaschung verlesen. Als er sein Ende nahen fühlte, befiehlt er seinen Brüdern: „Wenn ihr seht, dass es mit mir zu Ende geht, so legt mich nackt, wie ihr mich vorgestern gesehen habt, auf den Boden und lasst mich, wenn ich verschieden bin, so lange so liegen, als man braucht, um gemächlich eine Meile weit gehen zu können" (2 C 217,10, FQ 417).

Die emotionalsten Momente sind wohl jene, wo Leben kommt und wo Leben geht, das Geborenwerden und das Sterben. Simone Weil bringt die nackte Wahrheit, die Franziskus gelebt hat, so auf den Punkt: „Es gibt nur zwei Augenblicke der Nacktheit und der vollkommenen Reinheit im menschlichen Leben, die Geburt und den Tod. Ohne die Göttlichkeit zu beschmutzen, kann man Gott in menschlicher Gestalt nur als Neugeborenes und als Sterbenden verehren. Weihnachten und Ostern." Im Weihnachtslied „Lobt Gott, ihr Christen, alle gleich" besingen wir das Geschehen mit den Worten: „Er liegt dort elend, nackt und bloß / in einem Krippelein / ... entäußert sich all seiner Gewalt, / wird niedrig und gering ..." (Gotteslob Nr. 247). Franziskus hat auf die wehrlose Offenheit und Ohnmacht Gottes mit seiner eigenen Entäußerung geantwortet. Ihn fasziniert dieser einfache *nackte* Gottessohn, wie er ihm vom Evangelium her entgegenkommt, nicht so sehr der komplexe Christus in kirchlich-dogmatischer Um- und Verhüllung. Die Erfahrung, dass uns Gott durch seine Armut reich machen will (vgl. 2 Kor 8,9), teilt er mit den geringsten seiner Schwestern und Brüder, mit denen, die am meisten bloßgestellt werden. Was es bedeutet, sich eine Blöße zu geben, erfahren wir, wenn wir nackt dastehen; wenn es beispielsweise beim Arzt heißt: „Machen Sie sich schon mal frei." Die eigene Leiblichkeit ist oft schambesetzt, so dass nicht jede:r beim Blick in den Spiegel nur Zufriedenheit und Wohlwollen ihrem*seinem eigenen Körper gegenüber empfindet.

Berührung heute: Das geschundene Fleisch des anderen

Für Papst Franziskus ist entscheidend, dass wir uns auf die Realität einlassen, so wie sie ist, denn für ihn zählt die Wirklichkeit mehr als die Idee (vgl. EG 233). Unser Glaube ist nicht abstrakt, sondern immer konkret. Was zählt, ist der konkrete Mensch in seiner konkreten Lebenssituation. Er steht mir gegenüber mit seinen lebensgeschichtlichen Brüchen und Verwundungen. In ihm begegnet mir Christus. Eine wirkliche Begegnung zuzulassen, ist eine Herausforderung, der ich mich oft nicht stelle. Der Papst schreibt: „Zuweilen verspüren wir die Versuchung, Christen zu sein, die einen sicheren Abstand zu den Wundmalen des Herrn halten. Jesus aber will, dass wir mit dem menschlichen Elend in Berührung kommen, dass wir mit dem leidenden Leib der anderen in Berührung kommen. Er hofft, dass wir darauf verzichten, unsere persönlichen oder gemeinschaftlichen Zuflüchte zu suchen, die uns erlauben, gegenüber dem Kern des menschlichen Leids auf Distanz zu bleiben, damit wir dann akzeptieren, mit dem konkreten Leben der anderen ernsthaft in Berührung zu kommen und die Kraft der Zartheit kennen zu lernen. Wenn wir das tun, wird das Leben für uns wunderbar komplex, und wir machen die tiefe Erfahrung, Volk zu sein, die Erfahrung, zu einem Volk zu gehören" (EG 270). Die Berührung mit dem geschundenen Fleisch des anderen sollte zu einer Haltung der Sensibilität führen, die uns als Christinnen und Christen in Fleisch und Blut übergeht. In seiner Auslegung des Gleichnisses vom Barmherzigen Samariter fragt Papst Franziskus: „Bücken wir uns, um die Wunden der anderen zu berühren und zu heilen? Bücken wir uns, um uns gegenseitig auf den Schultern zu tragen?" (FT 70). Er verweist auf die zahllosen Gewaltopfer der Kriege, die oft als Kollateralschäden in Kauf genommen werden. „Halten wir uns nicht mit theoretischen Diskussionen auf, sondern treten wir in Kontakt mit den Wunden, berühren wir das Fleisch der Verletzten ... Achten wir auf die Wahrheit dieser Gewaltopfer, betrachten wir die Realität mit ihren Augen und hören wir ihren Berichten mit offenem Herzen zu" (FT 261).

Keine Frage: Meine persönliche Berührungsangst gegenüber dem geschundenen Fleisch ist groß. Und doch drückt sich menschliche Solidarität konkret im Dienst am Nächsten aus. „Der Dienst schaut immer auf das Gesicht des Mitmenschen, berührt seinen Leib, spürt seine Nähe und in manchen Fällen sogar das ‚Kranke' und sucht, ihn zu fördern. Darum ist der Dienst niemals ideologisch, denn man dient nicht Ideen, sondern man dient Menschen" (FT 115). Ein Kennzeichen des Christentums ist daher die Caritas als gelebte tatkräftige Form der Nächstenliebe. Der Auftrag zur Nachfolge Jesu ist immer Auftrag zur konkreten Tat, um durch die Nächstenliebe die Liebe Gottes zu uns Menschen zu spiegeln. In Anlehnung an das Wirken der heiligen Elisabeth von Thüringen (1207–1231), die von Franz von Assisi inspiriert war, haben sich insbesondere im 18. und 19. Jahrhundert zahlreiche franziskanische (Schwestern-)Orden gebildet, die ihren Schwerpunkt im Sozialbereich, insbesondere in der Kranken- und Altenpflege, in der Sorge um (Waisen-)Kinder, Menschen mit Behinderungen und Strafgefangene hatten.

4 Zeichenhaft nah –
Die sakramentale Perspektive

Siebenmal berührt: Die Sakramente

Die Sakramente sind Zeichen (lat. sakramentum) der Nähe und Zuwendung Gottes zum Menschen. Sie verdeutlichen dies durch das materielle Zeichen und das deutende Wort. Alle Sakramente haben etwas mit Berührung zu tun. Die Handauflegung steht dabei für die Sendung des Heiligen Geistes und die Bitte, ein geistbegabter Mensch zu werden. Die schweigende Handauflegung auf den Kopf wird vollzogen bei der Taufe, bei der Firmung und bei der Priesterweihe. Eine Salbung finden wir bei der Taufe, bei der Firmung, bei der Priesterweihe sowie bei der Krankensalbung. Die Salbung mit Öl erinnert an die Weihe zum König im alten Israel. Auch jede Christin, jeder Christ ist ein königlicher Mensch, sozusagen von Gottes Gnaden, und zugleich ein prophetischer und ein priesterlicher Mensch. Die Salbung erinnert daran, dass Jesus von Nazaret mehr ist als ein begnadeter Mensch, er ist für uns der Messias, der Christus, was übersetzt „der Gesalbte" bedeutet.

Der Täufling erhält dazu vom Taufenden mit dem Chrisamöl ein Kreuzzeichen auf die Stirn. Bei der Firmungsliturgie ist es ebenso. Der Firmspender – der Bischof oder ein von ihm beauftragter Priester – zeichnet dem Firmling ein Kreuz aus Chrisam auf die Stirn. Bei der Priesterweihe sind es die Handinnenflächen, die vom Weihespender mit Chrisamöl gesalbt werden. Bei der Krankensalbung empfängt die*der Kranke ebenfalls ein Zeichen mit Öl. Der spendende Priester salbt die*den Kranke:n auf die Stirn mit den Worten: „Durch diese heilige Salbung helfe dir der Herr in seinem reichen Erbarmen, er stehe dir bei mit der Kraft des Heiligen Geistes." Bei der Salbung auf den Händen spricht er: „Der Herr, der dich von Sünden befreit, rette dich, in seiner Gnade richte er dich auf."

Das eigentliche Zeichen bei der Taufe ist das Wasser. Bei der (Kinder-)Taufe in der katholischen Kirche ist der Ritus meist reduziert auf das Übergießen des Kopfes mit Wasser. Dazu wird die Taufformel gesprochen: „N., ich taufe dich im Namen des Vaters und des Sohnes und des Heiligen Geistes. Amen." Weitaus sinnenträchtiger ist ein Untertauchen des gesamten Körpers, wie es in der frühen Kirche in den Baptisterien (Taufkapellen) üblich war. Als Zeichen der Erneuerung und der Reinheit bekommt der Täufling ein weißes Kleid angezogen. Die Symbolik des weißen Kleides wird später bei der Erstkommunion und ggf. bei der Trauung wiederauftauchen. Das Kleid steht für die identitätsstiftende Transformation: „Nicht mehr ich lebe, sondern Christus lebt in mir" (Gal 2,20). Zudem bekommen die Eltern und die Paten eine Taufkerze überreicht, die an der Osterkerze entzündet wird. Sie symbolisiert das Licht des auferstandenen Christus. Nicht verpflichtend vorgeschrieben, aber sehr empfehlenswert ist der sogenannte Effata-Ritus. Er nimmt Bezug auf die Stelle im Markusevangelium, wo Jesus einen Taubstummen heilt mit dem Ruf „Effata" = Öffne dich! (vgl. Mk 7,31–37). Der Taufspender zeichnet auf alle Sinne des Täuflings ein kleines Kreuz und bittet darum, dass das Kind seine Sinne in rechter Weise zu nutzen lernt. Das offizielle Gebet dazu lautet: „Der Herr lasse dich heranwachsen, und wie er mit dem Ruf ‚Effata' dem Taubstummen die Ohren und den Mund geöffnet hat, öffne er auch dir Ohren und Mund, dass du sein Wort vernimmst und den Glauben bekennst zum Heil der Menschen und zum Lobe Gottes." Mit der Absage an das Böse als der Absage an alles Destruktive und dem Glaubensbekenntnis als Zusage an das Konstruktive stellen wir uns auf die zärtliche und barmherzige Seite Gottes. Wir versuchen, in der Gemeinschaft der Glaubenden Empathie, Mitleid, Barmherzigkeit und Solidarität zu leben.

Bei der Erstkommunion sind Brot und Wein die materiellen Zeichen, die durch die Herabsendung des Heiligen Geistes (Epiklese) in den Leib und das Blut Jesu Christi gewandelt werden. Durch den Empfang der Hostie (und ggf. der Kelchkommunion) geschieht die intensivste Berührung. Gott selbst legt sich in Jesus Christus in meine Hände. Im Sakrament der Eucharistie vollzieht sich aber weitaus mehr als die äußere Berührung. Durch die Form des Mahles kommt es zur Einverleibung der göttlichen Gegenwart. Nikolaus von Flüe wird die Aussage zugeschrieben: „In jedem Brot ist die Gnade des lebendigen Gottes verborgen. Ich esse Gott in jedem Bissen Brot."

Für die Firmung, die in Deutschland in der Regel im Jugendalter gespendet wird, wurde bereits auf das Auflegen der Hände als Bitte um den Heiligen Geist verwiesen sowie auf die Salbung mit Chrisam. Diese erfolgt mit einem Kreuzzeichen auf die Stirn. „N., sei besiegelt durch die Gabe Gottes, den Heiligen Geist." Du bist von Gott begabt und mit Gott begabt. Das wird zeichenhaft besiegelt. Dir wird das Gütezeichen Gottes aufgeprägt und noch einmal bestätigt, was dir in der Taufe bereits zugesprochen wurde: Kind Gottes zu sein, sein Ebenbild nach dem Abbild Jesu, der selbst Siegel des Vaters ist (vgl. Joh 6,27). Sei deshalb ein geistlicher Mensch. Im Hohen Lied der Bibel heißt es: „Leg mich wie ein Siegel auf dein Herz, wie ein Siegel auf deinen Arm!" (Hld 8,6). Die Intimität freundschaftlicher Beziehungen gilt auch zwischen Gott und Mensch. Auf seine Liebe ist Verlass. Er stärkt dich auf deinem Lebensweg. Um die Verbundenheit und Stärkung zu verdeutlichen, legt die Pat:in bei der Firmung eine Hand auf die Schulter der Firmand:in.

Beim Sakrament der Buße und der Versöhnung fehlt ein *materielles* Zeichen. Die sogenannte Lossprechung kann der Priester mit einer Handauflegung verbinden. Da die Beichte früher im Beichtstuhl stattfand, wo der Priester und der Pönitent durch ein Beichtgitter getrennt waren, war dies aus praktischen Gründen nicht möglich. Wenn heutzutage ein Beichtgespräch in einem Beichtraum stattfindet, kann diese Form wieder praktiziert werden.

Bei der Eheschließung sind die beiden Ehepartner selbst in ihrer Leiblichkeit das *materielle* Zeichen. Während die anderen Sakramente durch den Priester (oder bei der Taufe auch durch den Diakon) gespendet werden, spenden die Ehegatten sich das Sakrament gegenseitig. Dazu reichen sie einander die Hand und sprechen das Ja-Wort. In der Regel stecken sie einander Ringe an, die ihre Bereitschaft symbolisieren, den Weg in der Ehe gemeinsam zu gehen. Der Priester bzw. der Diakon legt dann seine Stola um die einander gereichten Hände und bestätigt den Bund der Ehe. Er spricht dazu den Brautsegen. Dabei kann er dem Paar die Hände als Segensgestus auf den Kopf auflegen.

In den deutschsprachigen Ländern entscheiden sich immer weniger Männer, den Weg des Priestertums zu gehen. Gerade die Berührungsgesten sind mir bei meiner

Priesterweihe sehr nachdrücklich in Erinnerung geblieben. Dies betrifft vor allem die Prostratio, das Niederwerfen auf den Boden – ein Akt der Demut. Das lateinische Wort *humilitas* verweist auf den Humus, den Boden. Auch und gerade als geweihter Mensch soll ich demütig bleiben, das heißt nicht abgehoben, sondern geerdet und erdverbunden. Ich übe das Amt aus in dem Bewusstsein, nicht nur aus eigener Kraft zu handeln, sondern aus der Kraft Gottes, mit Hilfe der Schwestern und Brüder sowie aller Heiligen. Während die Weihekandidaten auf dem Boden liegen, wird daher die Allerheiligenlitanei gesungen. Die Zeichenhandlungen der Weiheliturgie verdeutlichen, in welcher Weise die Vollmacht Gottes zum Ausdruck kommt: im Dienst für die anderen. Dazu bedarf es des Geistes Gottes. Es ist im wahrsten Sinne des Wortes eindrucksvoll und berührend, dass nicht nur der Bischof mir die Hände auflegt, sondern alle anwesenden Priester. Im Sinne der Theologie des Volkes Gottes wäre es ein wünschenswertes Zeichen, wenn es stellvertretend auch einige Mitglieder der Gemeinde tun, zu deren Dienst die Priester geweiht werden.

Die beschriebene Form der Prostratio, der Erdverbundenheit, findet sich ebenso bei der Ablegung der Ordensprofess. Vor dem Versprechen der Gelübde in die Hände des Provinzialministers legt sich der Professe der Länge nach auf den Boden, während die Allerheiligenlitanei erklingt.

Segen für den Alltag: Die Sakramentalien

Neben den klassischen sieben Sakramenten, die die katholische Kirche kennt und festgelegt hat, gibt es die sogenannten

Sakramentalien. Sie sind salopp formuliert theologisch eine Stufe niedriger angesiedelt. Das Weihwasser beispielsweise erinnert an die Taufe. Es findet sich an den Eingängen katholischer Kirchen und lädt beim Betreten des Gotteshauses ein, sich mit dem Wasser zu bekreuzigen und sich bewusst zu machen, als getaufte:r Christ:in zur Gemeinschaft der Glaubenden zu gehören. Früher war es durchaus üblich, Weihwasser mit nach Hause zu nehmen und in ein entsprechendes Gefäß in der eigenen Wohnung zu füllen, das sich an der Haustür oder im Herrgottswinkel befunden hat.

Die Sakramentalien haben viel mit Segen zu tun. Die Berührung kommt vor allem im liturgischen Vollzug, im Gestus des Segens, sehr schön zur Geltung. Das lateinische Wort für segnen, „bene-dicere", bringt zum Ausdruck, was Segen meint: etwas Gutes sagen, jemandem etwas Gutes wünschen – und das von Gott her und im Namen Gottes. In der katholischen Kirche ist dies häufig mit dem Körpergestus des Kreuzzeichens gekoppelt. Wir bekreuzigen uns, indem wir ein Kreuz über unseren Leib zeichnen. Wir berühren uns dazu an wichtigen Punkten unseres Körpers. Wir zeichnen zunächst die Vertikale nach und verbinden Himmel und Erde. Wir berühren unsere Stirn, unseren Geist, unseren Verstand. Damit soll unser Denken gesegnet sein. Wir berühren unser Herz. Damit soll unser Fühlen gesegnet sein. Wir zeichnen die Horizontale nach von Schulter zu Schulter und verbinden uns von Mensch zu Mensch. Damit soll unser Tun gesegnet sein. Der Segen steht für das, was wir von Gott her empfangen und an andere weitergeben. Er steht für die Gottesliebe und die Nächstenliebe.

Der Segen wird am Ende jeder liturgischen Feier zugesprochen. Damit verbunden ist der Auftrag, selbst einander zum Segen zu werden. Segnen ist somit kein Privileg eines Geistlichen. Segnen darf und soll jede:r Gläubige. Sehr schön kommt dies zum Ausdruck, wenn Eltern ihre Kinder oder Großeltern ihre Enkel segnen und ihnen ein Kreuz auf die Stirn zeichnen. Ich erinnere mich, dass meine Mutter mich und meine Schwester in dieser Weise gesegnet hat, wenn wir aus dem Haus gingen. Der Segen ist der Wunsch: Sei behütet und komm gut wieder heim. Die Eltern vollziehen das nach, was bereits Jesus getan hat. Auch zu ihm brachten die Leute ihre Kinder, damit er sie berühre. Da die Jünger sie abwiesen, sagte er zu ihnen: „Lasst die Kinder zu mir kommen; hindert sie nicht daran! Denn solchen wie ihnen gehört das Reich Gottes. Amen, ich sage euch: Wer das Reich Gottes nicht so annimmt wie ein Kind, der wird nicht hineinkommen. Und er nahm die Kinder in seine Arme; dann legte er ihnen die Hände auf und segnete sie" (Mk 10,14–16).

Auch war es für meine Mutter eine wichtige Tradition, ein frisches Brot erst zu segnen, bevor es angeschnitten wurde. Der Segen als Dank für die Gaben aus Gottes Schöpfung.

Ein weiteres sinnenfälliges Zeichen wird den Gläubigen am Aschermittwoch auf die Stirn gezeichnet: das Aschenkreuz. Es erinnert uns daran, dass wir Menschen sterblich und somit vergänglich sind. Als *adam*, als Mensch, entstammen wir der *adama*, der Erde. „Gedenke, o Mensch, du bist aus Staub und du kchrst zurück zum Staub der Erde" (vgl. Gen 3,19) lautet das deutende Wort oder „Kehre um und glaube an das Evangelium" (vgl. Mk 1,15).

Eine sehr persönliche Form der Segenszuwendung erfahren wir durch den Blasius-Segen. Er wird mit zwei überkreuzten Kerzen gespendet. Auf die Fürsprache des heiligen Bischofs Blasius wird um die Bewahrung vor Krankheiten, insbesondere vor Halskrankheiten, gebetet. Dabei sollte klar sein, dass es nicht um magische Zauberformeln geht. Auch die Zusprache dieses Segens ist keine Garantie, sondern die Bitte um Kraft auch in Krankheits- und Leidsituationen. Segnen heißt, sich selbst oder eine:n andere:n unter die Obhut Gottes zu stellen.

Häufiger werden inzwischen Segnungsgottesdienste angeboten mit der persönlichen Zuwendung zu den Einzelnen, mit individuellem Gebet und Handauflegung. Diese können verschiedenste biografische Lebenssituationen betreffen wie Schwangerschaft und Geburt, Beginn der Kindergarten- und der Schulzeit, Schulentlassung und Ausbildungsabschluss, Geburtstage und Ehejubiläen, der Eintritt in den Ruhestand und andere Gelegenheiten mehr.

Etwas vom Segnen im Sinne des Gutheißens steckt in unseren Willkommens- und Abschiedsworten. Nicht nur im „Grüß Gott", insbesondere im „Adieu" = „zu Gott" schwingt der Wunsch mit, dass Gott dich behüten möge im Sinne des Psalmworts: „Er, der Lebendige, ist dein Hüter ... Er, der Lebendige, behütet dein Leben, dein Gehen und Kommen" (Ps 121).

6 Heilende Seelsorge – Aspekte einer Theologie der Berührung

Das Dargestellte ist zunächst einmal eine Annäherung. Im Rahmen dieses schmalen Bändchens ist es nicht möglich, eine umfassende ausgearbeitete Theologie der Berührung darzustellen. Ausgehend von den genannten Aspekten möchte ich abschließend einige Bausteine zu einer solchen Theologie benennen.

Heilende Seelsorge

Nicht nur im Märchen können Berührungen Verwandlung bewirken. Eine Geschichte erzählt davon, dass zwei Freunde sich in einem Juwelierladen über einen matten und glanzlosen Stein wundern. Der Juwelier klärt sie darüber auf, dass es sich um einen Opal handelt. Er brauche die Berührung einer warmen Hand, um seine Farben zu zeigen. Der Opal sei ein tiefes Symbol für alles Gutsein und alles Zarte in unserem Leben. Es gebe so viele Menschen auf der Erde, arm und reich, klein und groß, gebildet und einfach, die alle nur die Berührung einer warmen Hand, eines lieben Wortes, einer kleinen Zärtlichkeit, einer wohlwollenden Geste, eines teilnehmenden Blickes, einer helfenden Tat bedürften, um aufzustrahlen – im Licht der Freundlichkeit, um das Wunder der Zuneigung zu erfahren, um hell zu werden im Glanz einer leisen Begegnung.

Eine Theologie der Berührung sollte aus anthropologischer Perspektive die positive Dimension von Berührung hervorheben. Wie geschildert, spielt sie für die Entwicklung des Kindes hin zum Erwachsenen eine wesentliche Rolle. Ihre positive Erfahrung sorgt für eine gesunde Entwicklung zu einer stabilen und eigenständigen Persönlichkeit, zu einem guten Umgang mit der eigenen Leiblichkeit. Wo diese Erfahrung fehlt, ist das entstandene Defizit nur bedingt zu beheben. Die christlichen Kirchen können hier eine spirituelle Unterstützung therapeutischer Verfahren leisten, die dies versuchen, wie beispielsweise Pesso. Die unterschiedlichen spirituellen und therapeutischen Verfahren, die mit Berührung arbeiten, wie etwa Reki oder die umstrittene Festhaltetherapie, sind dabei jeweils kritisch auf ihre Wirksamkeit und ihre Hintergründe hin zu überprüfen. Auch im christlichen Bereich wird das Handauflegen als Gabe (Charisma) angesehen, die es verantwortungsvoll einzusetzen gilt.

Auftrag der Kirchen war und ist auf jeden Fall eine heilende Seelsorge als heilende Leib-Seelsorge im umfassenden Sinn – sosehr sich die Kirchen aktuell für diesen Dienst durch das Ausüben sexueller Gewalt durch Priester und Mitarbeitende auch disqualifiziert oder in Verdacht gebracht haben mögen. Ein wesentlicher Faktor einer heilenden Seelsorge ist die Achtung vor der Freiheit des Menschen. Eine Berührung sollte bzw. darf außer in medizinischen (Not-)Fällen nicht gegen den Willen des Betroffenen erfolgen. Gerade dann, wenn etwas von der heilsamen Nähe Gottes vermittelt werden soll, ist die Autonomie eines jeden Menschen zu respektieren. Dies gilt beispielsweise für die „Free Hugs Campaign", die sich auch auf Katholiken- und Kirchentagen findet. Gegründet wurde sie 2004 vom Australier Juan Mann. Dabei stellen sich Menschen mit „Free Hugs"-Schildern in den öffentlichen Raum und bieten an, andere Menschen gratis zu umarmen. Ob dies als Gnade (lat. *gratia* hängt mit *gratis* zusammen) empfunden wird, muss jede:r für sich selbst entscheiden.

Systemrelevante Nähe

In der Corona-Pandemie wurde die Frage gestellt: Was ist systemrelevant? Was braucht es, damit unser gesellschaftliches Gefüge nicht zusammenbricht? In diesem Sprachmodus lässt sich sagen: Berührung ist systemrelevant, damit das persönliche und soziale Gefüge nicht zerstört wird. Social distancing darf nicht soziale Isolation und totale Abschottung bedeuten. Denn der Mensch lebt nicht vom Brot allein, sondern bedarf der leiblichen Nähe als Lebens-Mittel. Jeder Mensch bedarf der Kommunikation und der Solidarität, gerade in schweren Krisen. Den Kirchen ist vorgehalten worden, sich zu schnell und bereitwillig auf die Einschränkungen der direkten Seelsorge eingelassen zu haben und nicht massiv genug auf die Bedeutung eines präsentischen Beistands hingewiesen zu haben. Gerade die Corona-Erkrankten auf den Intensivstationen brauchen diese Form der Zuwendung. Ebenso die Bewohnerinnen und Bewohner der Alten- und Pflegeheime. In der Abwägung zwischen Schutz vor Infektion und sozialem Tod ist immer neu um kreative Lösungen zu ringen, die nicht einseitig zulasten der eh schon isolierten Menschen gehen. Plüschtiere für Demenzkranke und interaktive Kuscheltiere sind sicher nicht das Schlechteste für ältere Menschen, doch können Plüschroboter menschliche Zuwendung letztlich nicht ersetzen.

Zerbrechliche Verwundbarkeit

Eine Theologie der Berührung wird das Moment der Zerbrechlichkeit (Fragilität) und der Verwundbarkeit (Vulnerabilität) stärker bedenken müssen. Radikal zugespitzt hat dies der evangelische Theologe Henning Luther (1947–1991) mit seinen Überlegungen vom Fragment: *Dies* aus der Einsicht, dass es kein Leben ohne Brüche, ohne Enttäuschungen, ohne Schuld, ohne Verlust gibt. „Die nicht vorhersehbare und planbare Endlichkeit des Lebens, die jeder Tod markiert, lässt Leben immer zum Bruchstück werden. Das Fragmentarische charakterisiert die Identität des einzelnen."[14] Daraus folgt für den mit nur knapp 44 Jahren verstorbenen Theologen: „Wir sind immer zugleich auch Ruinen unserer Vergangenheit, Fragmente zerbrochener Hoffnungen, verronnener Lebenswünsche, verworfener Möglichkeiten, vertaner und verspielter Chancen. Wir sind Ruinen aufgrund unseres Versagens und unserer Schuld ebenso wie aufgrund zugefügter Verletzungen und erlittener und widerfahrener Verluste und Niederlagen."[15] Den Diskurs über die Verwundbarkeit (Vulnerabilität) des Menschen hat insbesondere Hildegard Keul in die Theologie eingebracht. Bereits 1982 hat die Katholische Studierende Jugend (KSJ) ein Gebetbuch mit dem Titel „Zeige deine Wunde" herausgegeben. Wunden werden von vielen geistlichen Schriftsteller:innen als Einfallstore Gottes betrachtet. Gerade über das Verletzte und Verwundete hat Gott die Möglichkeit, Zugang zum Menschen zu bekommen. Sein Ziel ist es, Heil für den Menschen zu schaffen. Das griechische Wort dafür, *hólos*, meint ein heiles Ganzes. Aus den Fragmenten unseres Lebens soll sich eine Ganzheit zusammenfügen. Diese Einheit wird sich zu Lebzeiten nur unzureichend einstellen, selbst wenn ich als gläubiger Mensch Gott zur Mitte meines Lebens mache. Und dies in der Hoffnung, dass sich nach meinem Tod vor Gottes Angesicht vollendet, was im Leben unvollendet bleibt. Franz von Assisi hat als Gruß „pax et salus", „Friede und Heil", gewählt. Etwas vom umfassenden Schalom Gottes, von seinem Frieden und von seinem Heil wünscht er den Menschen, dass es bereits zu ihren Lebzeiten aufscheinen möge.

Gottes Zärtlichkeit

Eine Theologie der Berührung nimmt Bezug auf das Spezifikum des Christentums, auf die Menschwerdung Gottes. Für Angehörige anderer Religionen ist es unvorstellbar, dass sich (ein) Gott in dieser Weise in die Geschichte, in den Prozess der Evolution hineinbegibt und berührbar macht. Paulus lädt die Einwohner Athens ein: „Sie sollten Gott suchen, ob sie ihn ertasten und finden könnten; denn keinem von uns ist er fern. Denn in ihm leben wir, bewegen wir uns und sind wir" (Apg 17,27–28). Das Christentum ist somit per se eine sinnenfreudige Religion, die erspürt, wie Gott durch die Menschwerdung seines Sohnes in dieser Welt erfahrbar wird. Die Zärtlichkeit Gottes im Sinne seiner Menschenfreundlichkeit (vgl. Tit 3,4) verkörpert sich in Jesus Christus. Er wiederum verweist auf die Gottes-, Nächsten- und Selbstliebe. Der Umgang mit sich selbst, mit dem Nächsten und mit Gott soll von berührender Zärtlichkeit geprägt sein. Heute ist als vierte Dimension der Umgang mit der Schöpfung zu ergänzen. Auch sie soll von behütender und bewahrender respektvoller Zärtlichkeit geprägt sein.

Heinrich Böll klagte darüber, dass eine „Theologie der Zärtlichkeit" im Zweiten Testament noch weitgehend unentdeckt sei. Lange Zeit tauchte der Begriff Zärtlichkeit in der kirchlichen Verkündigung kaum auf. Erst mit Papst Franziskus änderte sich dies, der häufiger von der Zärtlichkeit Gottes spricht. Gott sei für uns wie eine Mutter, die uns zärtlich das Wiegenlied vorsingt und sich nicht davor fürchtet, womöglich vor lauter Liebe zu uns lächerlich zu wirken, führte er in der Frühmesse am 11.12.2014 aus. Mit Verweis auf die Bibelstelle in Jesaja 41,13–20 sprach er davon, dass Gott „uns sehr nah ist, der sich durch diese Zärtlichkeit, die Zärtlichkeit einer Mutter, ausdrückt". Die Gnade sei eine Nähe von Gottes Herz. „Wenn wir nur den Mut aufbrächten, unser Herz für diese Zärtlichkeit Gottes zu öffnen, wie viel geistliche Freiheit hätten wir dann!" „Was ist die Zärtlichkeit?", so fragt er. „Sie ist die Liebe, die nah und konkret wird. Sie ist eine Bewegung, die vom Herzen ausgeht und zu den Augen, den Ohren, den Händen gelangt … Die Zärtlichkeit ist der Weg, den die mutigsten Männer und Frauen beschritten haben" (FT 194). Diese Zärtlichkeit insbesondere für die Bedürftigen, die Schwachen und Armen fordert er auch in der Politik ein. „Auch in der Politik gibt es Raum, um mit Zärtlichkeit zu lieben" (FT 194). Zu Ordensleuten sagte Papst Franziskus im November 2018: Gottes „Gegenwart ist von Zärtlichkeit, sie begleitet uns und verpflichtet uns". Die Zärtlichkeit Gottes kommt zum Ausdruck in der Begegnung mit ihm, wie sie Elija im leisen sanften Säuseln gemacht hat. Sie kommt zum Ausdruck im Handeln Jesu, der andere sanft berührt, ihnen die Hände auflegt und sie heilt. Sie spiegelt sich wider in den Beschreibungen der Mystiker:innen, etwa der Auslegung des Hohen Liedes durch Bernhard von Clairvaux. Die religiöse Erfahrung ist auf die Körpererfahrung angewiesen, will sie nicht abgehoben und weltfern sein.

„Ich hab' ein zärtliches Gefühl / Für jede Frau, für jeden Mann / Für jeden Menschen, wenn er nur / Vollkommen wehrlos lieben kann", sang Herman van Veen bereits 1973. Das ist die menschliche Resonanz auf die wehrlose Liebe Gottes. Dementsprechend fragt der Apostel Paulus: „Wisst ihr denn nicht, dass ihr der Tempel Gottes seid, und dass der Geist Gottes in eurer Mitte wohnt?" (1 Kor 3,16). Der menschliche Umgang untereinander sollte von Respekt und Wertschätzung geprägt sein, denn Gott begegnet mir in einem jeden Menschen und in der Gemeinschaft der Glaubenden. Eckart Bücken hat es auf wunderbare Weise so ins Wort gebracht, was unser Auftrag einer heilenden Seelsorge im Namen Gottes ist: „Behutsam will ich dir begegnen, dir zeigen, du bist nicht allein. Der Engel Gottes wird uns segnen, als Licht an unserer Seite sein. Mit Sanftmut will ich dich berühren, dich stärken aus der großen Kraft: Wir werden Gottes Güte spüren. Die Leben und Vergeben schafft. Mit Liebe will ich dich umhüllen, dich streicheln voller Zärtlichkeit, und Gottes Geist wird uns erfüllen, hier, heute und für alle Zeit."[16]

Eine Theologie der Berührung wird trotz aller biblischen Zusagen der Nähe Gottes von seiner Ferne reden. Gott ist da und doch entzieht er sich zugleich. Gott bleibt oft der unzugängliche, bleibt der verborgene. Eine Erfahrung, die selbst die großen Heiligen gemacht haben. Auch ihnen blieb die Gottesfinsternis nicht erspart. So schreibt Mutter Teresa: „Wenn ich versuche, meine Gedanken zum Himmel zu erheben, erlebe ich eine solch überzeugende Leere, dass diese Gedanken wie scharfe Messer zurückkehren und meine innerste Seele verletzen … Man erzählt mir, dass Gott mich liebt. Jedoch ist die Realität von Dunkelheit und Kälte und Leere so überwältigend, dass nichts meine Seele berührt."[17] Eine Theologie der Berührung wird von der Nähe und Zärtlichkeit Gottes künden, zugleich jedoch auf die Unbegreiflichkeit Gottes verweisen, auf seine Entzogenheit und Abwesenheit, die viele der großen Mystikerinnen und Mystiker, wie Johannes vom Kreuz, beschreiben. Gott zeigt sich selbst dem gläubigen Menschen oft über Jahre und Jahrzehnte nur im Entzug, in der Dunkelheit der Gottesfinsternis, in der nichts mehr spürbar ist von seiner berührenden Gegenwart.

Nackte Kirche

Zu einer Theologie der Berührung zählt insbesondere aus franziskanischer Perspektive der Aspekt der Nacktheit. Wenn der Mensch auf die Welt kommt, ist er immer nackt. Auch wenn er stirbt, ist er letztlich nackt, selbst wenn er bekleidet ist. Er ist nur noch er selbst, ohne all seinen Besitz. Was bedeutet es, auch im Leben wie Franziskus „nackt dem nackten Christus" zu folgen? Was heißt es, mich als Mensch zu entäußern, um einem Gott zu folgen, der sich dermaßen entäußert, dass er sich zum Sklaven macht? In der Antike hatten Sklaven ihr Nacktsein auch als Form der Demütigung zu ertragen. Die Biografen erzählen, dass Franziskus es nicht ertrug, dass jemand ärmer war als er. Daher hat er immer wieder seinen Mantel oder gar sein Gewand an andere abgegeben. Wie gelingt es, franziskanisch zu leben in Einfachheit und Geschwisterlichkeit? Was sagt das Bild vom Kleidertausch für unsere heutige Zeit? Franziskus hat Gott als das höchste Gut verehrt, allerdings nicht in Protz und Prunk, sondern in Demut und Armut. Er hat das Gegenbild zu einer Kirche gelebt, die sich im realen und im übertragenen Sinn in kostbaren Gewändern darstellt und wohlfühlt. Die unter dem Deckmantel der Verherrlichung Gottes oft eher sich selbst verherrlicht. Die sich von dem Kind aus dem Märchen von Hans Christian Andersen „Des Kaisers neue Kleider" fragen lassen muss, was sie denn unter ihrem vermeintlichen Prunkgewand tatsächlich noch anhat. Insbesondere der Missbrauchsskandal hat ihr die Fassade vom Leib gerissen, so dass die Kirche nun entblößt dasteht. Der Vertrauensverlust führt zu einem erheblichen Mitgliederschwund und gesellschaftlichen Relevanzverlust. Die strukturellen Ursachen müssen ehrlich angeschaut und verändert werden. Kleidung, so haben wir gesehen, steht immer auch für die eigene Identität. Nackt dem nackten Christus folgen bedeutete für Franziskus, nicht auf die eigene Macht zu bauen, sondern auf die Ohnmacht Gottes. „Denn was der Mensch vor Gott ist, das ist er, und nicht mehr", lautet sein Credo (Erm 19,2, FQ 52). Denn Gott allein ist für ihn der einzig Gute, das höchste Gut. Kirche in der Nachfolge Christi muss als „nackte Kirche" ihren Schutzpanzer der Macht und ihre Attitüde des Klerikalismus ablegen. Sie wird kleiner werden und an Bedeutung verlieren. Sie wird ärmer werden und weniger Einfluss haben. Sie wird nackter werden und an Macht einbüßen. Aber sie wird dadurch authentischer werden und Jesus ähnlicher.

Noli me tangere!

Eine Theologie der Berührung hat das Recht auf sexuelle Selbstbestimmung und die damit verbundene Grenzziehung zu respektieren und zu schützen und Kinder und Jugendliche in der Einübung dieses Rechtes zu stärken. Gesellschaftlich sind Berührungen eher sanktioniert, sind Familienmitgliedern, Liebenden und Freunden vorbehalten. Und das ist gut so. Biblisch kann sie dabei zurückgreifen auf die Ostererzählungen, insbesondere die Begegnung Jesu mit Maria Magdalena. „Halte mich nicht fest" lautet in der Einheitsübersetzung seine klare Ansage. Oder markanter in der Zürcher Bibel: „Fass mich nicht an" oder in der Elberfelder Bibel: „Rühre mich nicht an". Johanna Beck, die selbst von sexualisierter Gewalt betroffen war, fordert, dass die Kirche dieses Wort Jesu *Noli me tangere* (= Halte mich nicht fest) zum obersten Leitsatz macht für ihre Prävention, ihre Kinder- und Jugendarbeit, für die dringend notwendige Reform der missbrauchsbegünstigenden Strukturen und für eine Neuausrichtung der katholischen Sexualmoral und des Kirchenrechtes.

„Eine Präventions-, Kinder- und Jugendarbeit im Lichte von *Noli me tangere* würde alles daransetzen, Kinder als besonders schützenswert in die Mitte zu stellen, die Kirche wieder zu einem sicheren Raum für die ihr anvertrauten Minderjährigen zu machen und aktiv dazu beizutragen, Kinder von Anfang an zu starken, selbstbewussten, aufgeklärten und wehrhaften Menschen zu erziehen, die wissen, dass sie selbstbestimmt Grenzen setzen dürfen, dass sie ‚Nein!' und ‚Fass mich nicht an!' sagen können.

Eine von *Noli me tangere* geleitete Sexualmoral würde sich nicht wie bisher auf eine rigorose Verurteilung aller Formen außerehelicher Sexualität und auf eine naturrechtlich argumentierende, menschenfeindliche Verdammung von Homosexualität fixieren, sondern das Ethos der sexuellen Selbstbestimmung, gegenseitige Liebe und Verantwortung, das Konsens-Prinzip und den unschätzbaren Wert der menschlichen Würde fundamental in den Mittelpunkt stellen.

Ein Kirchenrecht nach dem *Noli-me-tangere*-Prinzip würde sexualisierte Gewalt nicht mehr vorrangig als Verstoß gegen den Zölibat, sondern in erster Linie als Vergehen gegen das sexuelle Selbstbestimmungsrecht und die Würde eines Menschen betrachten und somit explizit die Perspektive der Opfer und nicht die Perspektive der Institution und ihrer Vertreter einnehmen.

Eine Kirche, die das *Noli me tangere* des österlichen Jesus zu ihrer Maxime erhöbe, könnte so einen wichtigen und relevanten Beitrag zu einem gelingenden Leben leisten. Eine solche Kirche wäre wieder ein sicherer Ort für die ihr anvertrauten Kinder, Jugendlichen und Erwachsenen. Eine solche Kirche würde endlich wieder den Opferschutz über den Täter- und Institutionsschutz stellen. Eine solche Kirche wäre wieder menschenfreundlicher, gerechter, gegenwartstauglicher – und evangeliumsgemäßer. Eine solche Kirche bräuchte nicht ihren Tod zu fürchten, sondern würde nach dem gegenwärtigen Dunkel in eine bessere Zukunft auferstehen."[18]

Ausblick

„Wir sind alle Engel mit einem Flügel. Um fliegen zu können, müssen wir uns umarmen."[19] Dieses poetische Wort von Luciano de Creszenzo verdeutlicht unsere menschliche Bedürftigkeit. Wir Menschen brauchen einander, wir ergänzen einander, wir verhelfen einander zu unserer je eigenen Menschwerdung. Wenn es stimmt, was das bekannte Gebet sagt, dass Gott keine anderen Hände hat als die unsrigen, dann kommt unserem Hand-eln eine besondere Bedeutung und Verantwortung zu. Dann haben wir uns bewusst zu machen, dass jede Berührung nicht nur den Körper berührt, sondern auch die Seele und somit die Person in ihrem Wesen. Da Berührungen etwas sehr Intimes sind, bedarf es eines sensiblen Umgangs, um die andere, den anderen nicht zu verletzen, sondern heilsam zu begegnen. In diesem Bewusstsein sollten wir mehr Zutrauen in die Kraft der Berührung setzen, eine Berührung wagen, wenn sie für andere heilsam ist, oder auch selbst Berührung zulassen, wenn wir ihrer bedürftig sind.

„Gottes zärtliches Berühren heile dich.
Gottes zärtliches Berühren stärke dich.
Gottes zärtliches Berühren richte dich auf.
Gottes zärtliches Berühren schenke dir neuen Mut.
Gottes zärtliches Berühren begleite dich.

Gottes wehendes Berühren
lasse dich atmen
seinen Lebensodem
Gottes sanftes Berühren
lasse dich spüren
seine Nähe und Gegenwart
Gottes zartes Berühren
lasse dich spüren
seine Zuneigung und Liebe
Gottes vorsichtiges Berühren
lasse dich spüren
seine Barmherzigkeit und Güte
Gottes heilsames Berühren
lasse dich spüren
sein Heil und seinen Segen
Gottes menschenfreundliches Berühren
lasse dich spüren
seine Kraft und Wegbegleitung."[20]

Anmerkungen

1 Vgl. Rosa, Hartmut, Resonanz. Eine Soziologie der Weltbeziehung, Berlin 2019.
2 Fuchs, Gotthard, Mystik im Alltag. Durch verschlossene Türen, in: CiG 15 (2018).
3 Jablonski, Nina G., Von außen betrachtet ist der Mensch ein Irrläufer, in: Frankfurter Allgemeine Nr. 21, 25. Januar 2017.
4 Seeger, Hans-Karl, Sinnvoll durch die Sinne, in: CiG 23 (2017), 262.
5 Montagu, Ashley, Touching. The Human Significance of Touching, New York 1971, 335.
6 Schorno, Xaver, Fass mich bitte an!, in: stadtgottes 12/2009, 8–9.
7 Field, Tiffany, Streicheleinheiten. Gesundheit und Wohlergehen durch die Kraft der Berührung, München 2003.
8 Dickerhoff, Heinrich, Dass wir Zärtlichkeit nicht gottlos nennen. Zur Versöhnung von Christentum und Sexualität, Würzburg 1989.
9 Jablonski, Nina G., Von außen betrachtet ist der Mensch ein Irrläufer, in: Frankfurter Allgemeine Nr. 21, 25. Januar 2017.
10 Merton, Thomas, Zeiten der Stille, Freiburg 1992, 127.
11 Biblia Sacra Vulgata, herausgegeben von Beriger, Andreas/Ehlers, Widu-Wolfgang/de Gruyter, Walter, Berlin 2018.
12 Benyoëtz, Elazar, zitiert in: Fuchs, Gotthard, Vom Göttlichen berührt. Mystik des Alltags, Freiburg i. Br./Basel/Wien 2017.
13 Röser, Johannes, Haut. Das Sakrament der Haut, in: CiG 9 (2017), 91–92.
14 Henning, Luther, Religion und Alltag. Bausteine zu einer praktischen Theologie des Subjekts, Stuttgart 1992, 168.
15 Ebd. 168.

16 Bücken, Eckart, Von der Zärtlichkeit Gottes (Behutsam will ich dir begegnen), 1991.
17 Mutter Teresa, in: Fuchs, Gotthard, Zur Heiligsprechung Mutter Teresas. Gottesentzug, in: https://www.herder.de/cig/geistesleben/2016/07-12-2016/zur-heiligsprechung-mutter-teresas-gottesentzug/.
18 Beck, Johanna, Missbrauch im Licht von Ostern. Noli me tangere, in: CiG 14 (2021), 17.
19 Creszenzo, Luciano de, Zitat – kein Beleg möglich.
20 Federbusch, Stefan, Segen.

Abkürzungsverzeichnis

Die Schrifttexte sind entnommen aus:

Einheitsübersetzung der Heiligen Schrift, Katholische Bibelanstalt, vollständig überarbeitete Auflage, Stuttgart 2016.

Die Franziskus-Quellen (FQ) sind zitiert nach:

Berg, Dieter/Lehmann, Leonhard (Hg.), Franziskus-Quellen. Die Schriften des heiligen Franziskus, Lebensbeschreibungen, Chroniken und Zeugnisse über ihn und seinen Orden, Kevelaer 2009.

Dabei gelten folgende Abkürzungen:

Test = Das große Testament des heiligen Franziskus
1 C = Thomas von Celano, 1. Lebensbeschreibung (Vita) des heiligen Franziskus
2 C = Thomas von Celano, 2. Vita oder Memoriale
LM = Bonaventura, Legenda Maior
Per = Sammlung von Perugia

FT Papst Franziskus, Apostolisches Schreiben *Fratelli Tutti*, Bonn 2020.
AS Papst Franziskus, Apostolisches Schreiben *Admirabile Signum*, Bonn 2019.
EG Papst Franziskus, Apostolisches Schreiben *Evangelii Gaudium*, Bonn 2013.

Der Autor

Stefan Federbusch, geb. 1967, leitet das Exerzitienhaus – Franziskanisches Zentrum für Stille und Begegnung in Hofheim. Er ist Schriftleiter der Zeitschrift FRANZISKANER, Mitglied der Provinzleitung und der Kommission Gerechtigkeit, Frieden und Bewahrung der Schöpfung der Deutschen Franziskanerprovinz.

In der Reihe „Franziskanische Akzente"
sind bisher erschienen:

Bd. 1: Mirjam Schambeck, Nach Gott fragen zwischen Dunkel und Licht
Bd. 2: Helmut Schlegel, Die heilende Kraft menschlicher Spannungen
Bd. 3: Katharina Kluitmann, Wachsen – über mich hinaus
Bd. 4: Cornelius Bohl, Auf den Geschmack des Lebens kommen
Bd. 5: Martina Kreidler-Kos, Lebensmutig. Klara von Assisi und ihre Gefährtinnen
Bd. 6: Nikolaus Kuster, Franz von Assisi – Freiheit und Geschwisterlichkeit in der Kirche
Bd. 7: Herman Schalück, Prophetisch glauben. Aufbrüche in franziskanischer Spiritualität
Bd. 8: Stefan Federbusch, Nachhaltig wirtschaften – gerecht teilen
Bd. 9: Thomas Dienberg, Leiten – Von der Kunst des Dienens
Bd. 10: Anton Rotzetter, Alles auf den Kopf stellen – neue Wurzeln schlagen. Mit Franz von Assisi Schöpfung gestalten
Bd. 11: Helmut Schlegel, Glaubensgeschichten sind Weggeschichten. Die Emmauserzählung als Modell christlicher Existenz
Bd. 12: Nicole Grochowina, Franziskus und Luther. Freunde über die Zeiten
Bd. 13: Jürgen Neitzert, Muslime und Christen. Ein franziskanischer Blick auf den Islam

Bd. 14: Paulin Link, Der Sehnsucht Raum geben. Die Kunst der franziskanischen Wegbegleitung

Bd. 15: Mirjam Schambeck, Unbehauste Heimat. Von der Sehnsucht anzukommen

Bd. 16: Hermann Schalück, Den Gottesfaden erkennen. Die Ernte meines Lebens

Bd. 17: Sabine Pemsel-Maier, Genderperspektiven – neue Blicke auf Klara von Assisi

Bd. 18: Leonhard Lehmann, Vom Beten zur Kontemplation. Hinführung zur franziskanischen Praxis des Verweilens vor Gott

Bd. 19: Udo F. Schmälzle, Wissen, Bildung und Schule neu denken. Zugänge zu einem franziskanischen Bildungskonzept

Bd. 20: Wilhelm Bruners, Gottes hauchdünnes Schweigen. Auf seine Stimme hören

Bd. 21: Burkhard Hose, Es reicht. Auf dem Weg zu einer neuen Kultur des Teilens

Bd. 22: Niklaus Kuster, Spiegel des Lichts. Franz von Assisi – Prophet der Weltreligionen

Bd. 23: Jan Frerichs, Nach der Erleuchtung: Boden wischen. Ein franziskanisches Alltagsprogramm

Bd. 24: Margit Eckholt, Frauen in der Kirche. Zwischen Entmächtigung und Ermächtigung

Bd. 25: Mirjam Schambeck/Elisabeth Wöhrle, Im Innern barfuß. Auf der Suche nach alltagstauglichem Beten

Bd. 26: Heribert Arens/Martino Machowiak, Lebendig alt sein

Bd. 27: Stephan Knobloch, Das Hiersein übertreffen. Der verborgene Gott in der modernen Literatur

Bd. 28: Georg Lauscher, Lebenskrisen und ihre Botschaften. Von Anfängen und Übergängen

Bd. 29: Stephan Sahm, In Würde sterben. Medizinische Ethik zur Sterbebegleitung

Bd. 30: Katrin Bederna, Alles wird gut? Franziskanische Inspirationen zur Klimakrise

Bd. 31: Cornelius Bohl, Vom Geschenk der Dankbarkeit

Bd. 32: Helmut Schlegel, Rückkehr ins Paradies. Vom Glück eines versöhnten Lebens

Bd. 33: Thomas Dienberg, Pilgern als Signatur heutigen Menschseins. Über das Leben als Pilgerreise

Bd. 34: Stefan Federbusch, Von der Zärtlichkeit Gottes. Eine Theologie der Berührung